Complete FrenchSmart

Grade 5

Credits

Photos (Front Cover "girl and boy" Jacek Chabraszewski/Dreamstime.com.
Back Cover "girl and boy" Jacek Chabraszewski/Dreamstime.com , "girl on left"/123RF.com, "boy" Jose Manuel Gelpi Diaz/123RF.com,
"girl in middle"/123RF.com, "girl on right" Paul Hakimata/123RF.com, "memo board" Sandra Van Der Steen/123RF.com,
"children"/123RF.com, "satellite dish" David Hughes/123RF.com, "gears" alex_star/123RF.com , "jet plane" Lars Christenen/123RF.com)

Printed in China

ISBN: 978-1-927042-80-9

ISBN: 978-1-927042-80-9

Contents

Les parties du corps

Body Parts

Vocabulary: Words for body parts

Expressions: « Voilà... » "Here is/are..."

Grammar: Possessive adjectives

> **Voilà ma langue!**
> *vwah·lah mah laang*
> *Here is my tongue!*

> **Voilà mes yeux!**
> *vwah·lah meh zyuh*
> *Here are my eyes!*

A. Copiez les mots.
Copy the words.

les cheveux
_____
leh shuh·vuh

le nez
_____
luh neh

le menton
_____
luh maan·tohn

les sourcils
_____
leh soor·seey

l'œil
_____
lohy

la joue
_____
lah joo

la bouche
_____
lah boosh

les lèvres the lips
_____
leh lehvr

les oreilles the ears
_____
leh zoh·ray

le visage the face
_____
luh vee·zahj

la peau the skin
_____
lah poh

le corps

the body _____

luh cohr

la tête _____

lah teht

les yeux _____

leh zyuh

la poitrine _____

lah pwa·treen

le coude _____

luh kood

la main _____

lah mahn

la jambe _____

lah jaamb

le pied _____

luh pyeh

les épaules _____

leh zeh·pohl

le dos _____

luh doh

le bras _____

luh brah

la taille _____

lah tahy

les doigts _____

leh dwah

le genou _____

luh juh·noo

les orteils _____

leh zohr·tehy

B. **Remplissez les tirets pour écrire le nom des parties du corps.**
Fill in the blanks to write the names of different body parts.

1.

l__   j__ __e

2.

l__   c__ __d__

3.

l__s   o__e__l__ __s

4.

l__   n__ __ __

l__   __ou__h__

5.

L__s   __our__i__s

l__   m__i__

6.

__es   __ __ux

7.

l__s   l__ __re__

8.

9.

__ __s   c__ev__ __ __

le__   g__ __oux

C. **Dessinez la partie du corps qui manque et ensuite écrivez son nom.**
Draw the missing part of the body and then write its name.

A _____

B _____

C _____

D _____

E _____

F _____

G _____

H _____

D. **Encerclez la partie du corps qui n'appartient pas au groupe.**
Circle the part of the body that does not belong to the group.

1. la bouche
    - les lèvres
    - la langue
    - l'orteil
    - les dents
      teeth
      leh daan

2. le visage
    - le nez
    - la joue
    - les sourcils
    - la poitrine

3. la tête
    - les cheveux
    - le doigt
    - le menton
    - la bouche

Les adjectifs possessifs
Possessive Adjectives

Possessing	one object		more than one object	
	f.	**m.**	**m./f.**	
☺ **Singular (sg.)**	my — ma	mon	mes	
	your — ta	ton	tes	
	his/her — sa	son	ses	
☺☺☺ **Plural (pl.)**	our — notre		nos	
	your — votre		vos	
	their — leur		leurs	

les fleurs (f.pl.)
mes fleurs
my flowers

nos fleurs
our flowers

E.   Remplacez les articles par les adjectifs possessifs.
Replace the articles with possessive adjectives.

Exception!

When a singular noun starts with a vowel, it always takes "mon/ ton/son" even if it is feminine!

e.g. une oreille (f.sg.)

ma oreille

mon oreille ✓

my ear

1.   le visage (m.sg.)   _____
     my face

2.   la bouche (f.sg.)   _____
     your (sg.) mouth

3.   les lèvres (f.pl.)

     _____
     his lips

4.   le bras (m.sg.)

     _____
     her arm

5.   l'oreille (f.sg.)

     _____
     your (sg.) ear

6.   les genoux (m.pl.)

     _____
     my knees

ISBN: 978-1-927042-80-9

Voilà mon nez!
vwah·lah mohn neh
Here is my nose!

En anglais :	En français :
In English	In French
"Here is…"	« Voilà… » *vwah·lah*

F. **Traduisez et utilisez l'expression « Voilà » pour dire à qui les parties du corps appartiennent.**

Translate and use the expression "Voilà" to tell to whom the body parts belong.

1.

Voilà _____
my eyes

2.

_____
your elbow

3.

_____
his lips

4.

_____
her cheeks

5.

_____
my hand

6.

_____
my knees

7.

_____
his head

8.

_____
her ears

ISBN: 978-1-927042-80-9

Les activités quotidiennes

Daily Activities

Vocabulary: Words related to daily activities

Grammar: Present tense of "-ER" verbs

Expressions: « Aimer » + infinitive

> *Nous aimons regarder le chien!*
> *noo zeh·mohn ruh·gahr·deh luh shyahn*
> We like watching the dog!

A. Copiez les mots.
Copy the words.

aimer
to like

_____

eh·meh

marcher
to walk

_____

mahr·sheh

regarder
to look/watch

_____

ruh·gahr·deh

penser
to think

_____

paan·seh

dessiner
to draw

_____

deh·see·neh

pleurer
to cry

_____

pluh·reh

rêver to dream

_____

reh·veh

manger to eat

_____

maan·jeh

sommeiller to nap

_____

soh·meh·yeh

ISBN: 978-1-927042-80-9

écouter	**étudier**
to listen	to study
_____	_____
eh·koo·teh	_eh·tew·dyeh_
danser	**donner**
to dance	to give
_____	_____
daan·seh	_doh·neh_
aider	**parler**
to help	to talk
_____	_____
eh·deh	_pahr·leh_

B. Écrivez la lettre correspondante devant le verbe.
Write the corresponding letter in front of the verb.

○ **regarder**

○ **dessiner**

○ **étudier**

○ **manger**

○ **parler**

Les pronoms repris
Pronouns Revised

Replace the subject of the sentence with the correct personal subject pronoun to decide which verb ending to use.

e.g. <u>Mon chien</u> (m.sg.)

→ il (m.sg.)

<u>Marie et Pierre</u> (m.pl.)

→ ils (m.pl.)

	Noun	Pronoun
masculine	singular	il
	plural	ils
feminine	singular	elle
	plural	elles
moi et (another person)		nous
toi et (another person)		vous

C. **Remplacez les noms par le bon pronom sujet.**

Replace the nouns with the correct subject pronoun.

il   ils   nous   vous   elle   elles

1.

tes cousins et toi
your cousins and you

_____

2.

les hommes
lehz·ohm
the men

_____

3.

mon amie et moi
my friend and me

_____

4.

les filles
leh feey
the girls

_____

ISBN: 978-1-927042-80-9

Les verbes du 1ᵉʳ groupe
Verbs of the 1ˢᵗ Group

Some infinitives end in "-ER". These belong to the 1st group of verbs.

"-ER" verb endings		e.g. infinitive: aimer	
Je	-e	J'	aime
Tu	-es	Tu	aimes
Il/Elle	-e	Il/Elle	aime
Nous	-ons	Nous	aimons
Vous	-ez	Vous	aimez
Ils/Elles	-ent	Ils/Elles	aiment

Most "-ER" verbs take these endings. All you need to do is replace the "-ER" in the infinitive with these endings!

e.g. Tu + penser
penser
pens-
pens-es
Tu penses.

D. Écrivez la bonne forme du verbe.
Write the correct form of the verb.

1. Vous _____ . étudier

2. Elles _____ . aider

3. Je _____ . parler

4. Tu _____ . regarder

5. Ils _____ . pleurer

6. Nous _____ . rêver

7. Elle _____ . écouter

8. Il _____ . penser

E. Écrivez la bonne forme du verbe.
Write the correct form of the verb.

nager

penser

marcher

parler

pleurer

danser

sommeiller

écouter

manger

A Jean _____ .

B L'étudiante _____ .

C Ma mère et moi _____ .

D Les cousins _____ .

E Le bébé _____ .

F Marie et son chien _____ .

G Lucie _____ .

H Le chien _____ .

I La fille _____ .

J Le garçon _____ .

J'aime regarder la télévision!
jehm ruh·gahr·deh lah teh·leh·vee·zyohn
I like watching television.

En anglais :
In English

"I like...V-ing"

En français :
In French

« J'aime + infinitif »

Fifi aime sommeiller au soleil.
fee·fee ehm soh·meh·yeh oh soh·lehy
Fifi likes napping in the sun.

F. **Construisez des phrases avec les mots donnés. Utilisez la construction « aimer + infinitif ».**

Make sentences with the given words. Use the construction "aimer + infinitif".

1. Tu / aimer / danser

   Tu aimes _____ .

2. Je / aimer / dessiner / des tigres

   _____

3. Sophie / aimer / rêver / la nuit

   _____

4. Nous / aimer / parler

   _____

5. Vous / aimer / étudier / le français

   _____

6. Ils / aimer / manger / leurs légumes

   _____

Les accessoires

Accessories

Vocabulary: Words related to clothing and accessories

Grammar: « Porter » in the present tense

Review: Singular and plural nouns

Elle porte des lunettes!
ehl pohrt deh lew·neht
She is wearing glasses!

A. Copiez les mots.
Copy the words.

Les accessoires

leh zahk·seh·swahr

les lunettes

_____

leh lew·neht

une écharpe

_____

ewn eh·shahrp

un collier

_____

euhn coh·lyeh

une bague

_____

ewn bahg

une montre

_____

ewn mohntr

un bracelet

_____

euhn brahs·leh

un sac à main

_____

euhn sahk ah mahn

un bouton

_____

euhn boo·tohn

les chaussures

_____

leh shoh·sewr

une brosse à cheveux

_____

ewn brohs ah shuh·vuh

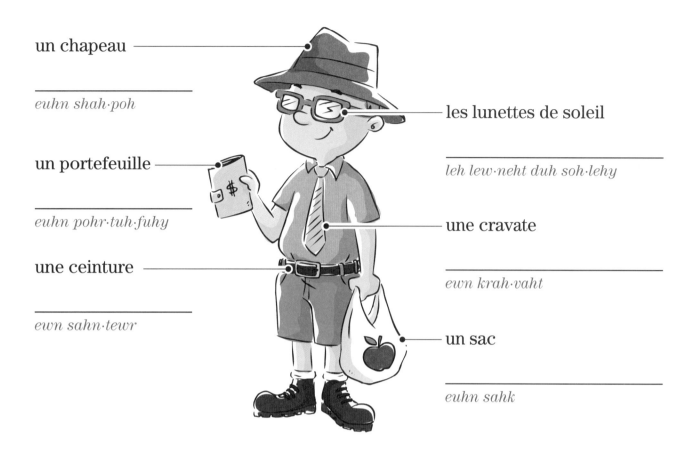

un chapeau

_____

euhn shah·poh

un portefeuille

_____

euhn pohr·tuh·fuhy

une ceinture

_____

ewn sahn·tewr

les lunettes de soleil

_____

leh lew·neht duh soh·lehy

une cravate

_____

ewn krah·vaht

un sac

_____

euhn sahk

B. Mettez les lettres dans le bon ordre.
Put the letters in the correct order.

1.

_____

2.

_____

3.

_____

4.

_____

5.

_____

_____

C. **Écrivez les lettres dans les bons cercles.**
Write the letters in the correct circles.

les boutons

une écharpe

un chapeau

une ceinture

une brosse à cheveux

une cravate

un sac

un bracelet

un collier

une montre

ISBN: 978-1-927042-80-9

singulier (sg.) et pluriel (pl.)

Rule:

- singular noun + "-s" = plural noun

- For nouns ending with "-eau" and "-ou", add an "-x".

- If the singular noun ends in "s", it does not change in the plural.

- Change "un/une" to "des" and "le/la" to "les".

e.g.

une ceinture (sg.) → des ceintures (pl.)
a belt   belts

la ceinture (sg.) → les ceintures (pl.)
the belt   the belts

un chapeau (sg.) → des chapeaux (pl.)
a hat   hats

le chapeau (sg.) → les chapeaux (pl.)
the hat   the hats

D. **Donnez le pluriel si le nom est au singulier et le singulier si le nom est au pluriel.**

Give the plural of the singular nouns and the singular of the plural nouns.

1. une montre

_____

2. un collier

_____

3. les bracelets

_____

4. l'accessoire

_____

5. des sacs

_____

6. un chapeau

_____

7. une écharpe

_____

8. des bagues

_____

9. le portefeuille

_____

10. des cravates

_____

11. la ceinture

_____

12. une chaussure

_____

Révision : 1er groupe « -ER »

« Porter » au présent
To wear

> **Je porte des lunettes de soleil!**
> *juh pohrt deh lew·neht duh soh·lehy*
> *I am wearing sunglasses!*

singular	plural
Je porte *juh pohrt* I wear/am wearing	Nous portons *noo pohr·tohn* We wear/are wearing
Tu portes *tew pohrt* You wear/are wearing	Vous portez *voo pohr·teh* You wear/are wearing
Il/Elle porte *eel/ehl pohrt* He/She wears/is wearing	Ils/Elles portent *eel/ehl pohrt* They wear/are wearing

*All "-ER" verbs of the first group have the same endings.

E. Complétez les phrases avec la bonne forme du verbe « porter ».
Complete the sentences with the correct form of the verb "porter".

 N'oubliez pas!
Don't forget!

Use the plural articles des/les where needed.

1. Nous portons _____ .

   Elle _____ .

2. Tu _____ .

   Elles _____ .

3. Vous _____ .

   Je _____ .

4. Il _____ .

   Tu _____ .

ISBN: 978-1-927042-80-9

F. Faites les mots croisés.
Complete the crossword puzzle.

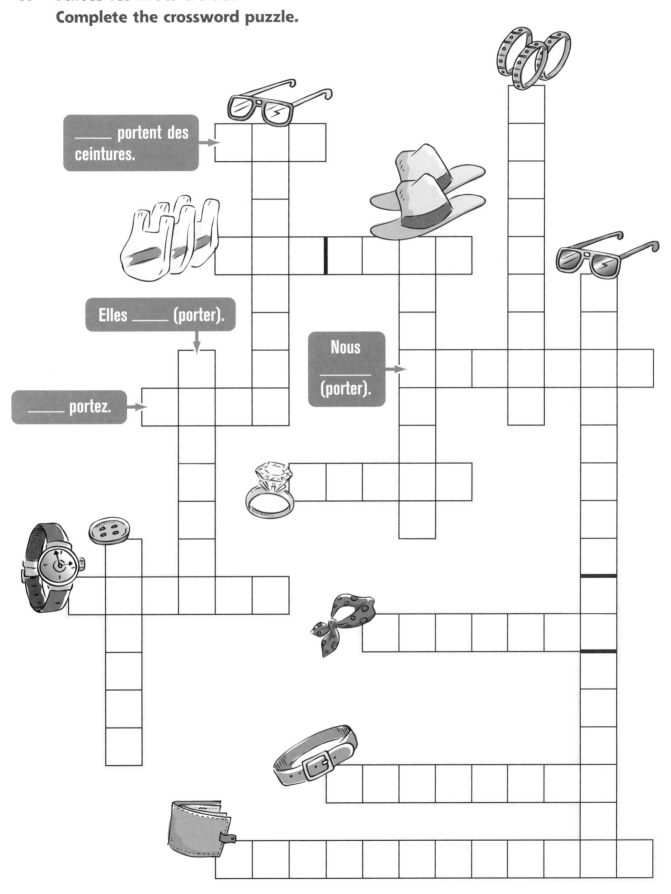

Les émotions

Feelings

Vocabulary: Words that describe feelings

Grammar: Masculine/feminine adjectives related to feelings

Expressions: « Je suis... » "I am..."

> **Je suis fatigué.**
> *juh swee fah·tee·geh*
> I am tired.

A. Copiez les mots.
Copy the words.

triste
_____
treest

drôle
_____
drohl

timide
_____
tee·meed

---

masculine

heureux
_____
uh·ruh

happy

content
_____
kohn·taan

pleased

feminine

heureuse
_____
uh·ruhz

happy

contente
_____
kohn·taant

pleased

 ISBN: 978-1-927042-80-9

masculine   feminine

gentil

_____

jaan·tee

kind

gentille

_____

jaan·teey

kind

fâché

_____

fah·sheh

angry

fâchée

_____

fah·sheh

angry

bored

ennuyé

_____

aan·nwee·yeh

ennuyée

_____

aan·nwee·yeh

 bored

excited

excité

_____

ehk·see·teh

excitée

_____

ehk·see·teh

 excited

tired

fatigué

_____

fah·tee·geh

fatiguée

_____

fah·tee·geh

 tired

effrayé

_____

eh·freh·yeh

scared

effrayée

_____

eh·freh·yeh

 scared

B.   Reliez les images aux adjectifs correspondants.
Link the pictures to the corresponding adjectives.

les expressions
leh zehks·preh·syohn
expressions

• effrayée

• excitée

• contente

• triste

• fâchée

C.   Dessinez une image pour chacune des phrases suivantes.
Draw a picture for each of the following sentences.

1.   ⌐ Le garçon est triste. ¬

2.   ⌐ La fille est fâchée. ¬

Masculin (m.) ou féminin (f.)?
Masculine or feminine?

In French, adjectives can be one of the two genders: masculine or feminine.

Feminine adjectives usually have an additional "-e" at the end.

e.g. Paul est content (m.). → Marie est content**e** (f.).

Exception!

Some words stay the same.
e.g. triste (m./f.)

D. Mettez les adjectifs dans la bonne colonne selon leur genre.
Put the adjectives in the correct columns according to their gender.

| gentille | triste | gentil | ennuyé | fâchée |
| ennuyée | fâché | fatigué | drôle | timide |

4 **Les émotions** – Feelings

L'accord de l'adjectif avec le sujet
Subject-Adjective Agreement

In French, the subject of the sentence and the adjective describing it must agree in gender and number.

e.g. **Le chien** est **gentil**. The dog (m.) is nice.

The subject (le chien) and the adjective (gentil) are both masculine and singular.

Les chiennes sont **gentilles**. The dogs (f.) are nice.

The subject (les chiennes) and the adjective describing it (gentilles) are both feminine and plural.

E. **Encerclez l'adjectif qui s'accorde avec le sujet dans chaque phrase.**
Circle the adjective that agrees with the subject in each sentence.

1. Marie est **heureux / heureuse** .

2. Le chat est **ennuyé / ennuyée** .

3. Ma cousine est **gentille / gentil** .

4. Mon père est **fâché / fâchée** .

5. Les clowns (m.) sont **contents / contentes** .

6. Ma sœur est **excité / excitée** .

7. Notre directrice est **effrayé / effrayée** .

Expressions

Je suis fâchée!
juh swee fah·sheh
I am angry!

En anglais :
In English

"I am _____ ."
        adjective

En français :
In French

« Je suis _____ . »
                adjectif

When using the subject pronoun "Je", the adjective you use to describe yourself must agree with your gender (m./f.).

Je suis heureux!
juh swee uh·ruh
I am happy!

F. **Utilisez la bonne forme des adjectifs pour vous décrire vous-même.**
Use the correct form of the adjectives to describe yourself.

1. **excité / excitée**

    Je suis _____ .

2. **gentil / gentille**

    Je suis _____ .

3. **content / contente**

    Je suis _____ .

4. **ennuyé / ennuyée**

    Je suis _____ .

5. **heureux / heureuse**

    Je suis _____ .

6. **fâché / fâchée**

    Je suis _____ .

Les fruits et les légumes

Fruits and Vegetables

Vocabulary: Words for fruits and vegetables

Expressions: « C'est... » "It is..."

« Ce sont... » "They are..."

C'est du brocoli.
seh dew broh·koh·lee

It's broccoli.

A.   Copiez les mots.
Copy the words.

les fruits (m.)
fruits

_____
leh frwee

 une pomme

_____
ewn pohm

une banane

_____
ewn bah·nahn

une orange

_____
ewn oh·raanj

 un ananas

_____
euhn ah·nah·nahs

un raisin

_____
euhn reh·zahn

une fraise

_____
ewn frehz

 une framboise

_____
ewn fraam·bwahz

 un bleuet

_____
euhn bluh·eh

 une pêche

_____
ewn pehsh

 un melon d'eau

_____
euhn muh·lohn doh

 un kiwi

_____
euhn kee·wee

 un pamplemousse

_____
euhn paam·pluh·moos

ISBN: 978-1-927042-80-9

les légumes (m.)
vegetables

leh leh·gewm

une tomate

ewn toh·maht

le brocoli

luh broh·koh·lee

un concombre

euhn kohn·kohmbr

une carotte

ewn kah·roht

le maïs

luh mah·eess

le petit-pois

luh puh·tee pwah

le champignon

luh shaam·pee·nyohn

la laitue

lah leh·tew

le poivron vert

luh pwah·vrohn vehr

les haricots verts (m.)

leh zah·ree·koh vehr

une pomme de terre

ewn pohm duh tehr

B. **Écrivez le nom du fruit et du légume que vous aimez le plus.**
Write the name of your favourite fruit and vegetable.

mon fruit préféré :

mon légume préféré :

_____

_____

C. **Faites une liste des fruits et des légumes qui se trouvent dans chaque panier.**

Make a list of the fruits and the vegetables that are in each basket.

Dans le panier, il y a...

In the basket, there is...

Les légumes

_____

_____

_____

_____

_____

Les fruits

_____

_____

_____

_____

_____

ISBN: 978-1-927042-80-9

D. **Groupez les fruits et les légumes suivants selon la façon dont ils poussent.**
Group the fruits and the vegetables listed below according to the way they grow.

une carotte	une pêche	un concombre
une fraise	un kiwi	une pomme de terre
un champignon	la laitue	une framboise

1.

Ceux qui poussent dans les arbres :
suh kee poos daan lez ahrbr

Those that grow in trees:

_____ _____

2.

Ceux qui poussent sur la terre :
suh kee poos sewr lah tehr

Those that grow above the ground:

_____

_____ _____

_____ _____

3.

Ceux qui poussent dans la terre :
suh kee poos daan lah tehr

Those that grow below the ground:

_____ _____

E. **Remplissez les tirets à l'aide des images et des mots donnés.**
Fill in the blanks with the help of the pictures and the given words.

tomates	poivrons	carottes	pomme
fraises	oranges	pommes de terre	

A Il y a dix _____ blanches.

B Il y a neuf _____ orange.

C Il y a onze _____ orange.

D Il y a une _____ rouge.

E Il y a trois _____ rouges.

F Il y a quatre _____ verts.

G Il y a cinq _____ rouges.

En anglais : In English	En français : In French
"It is…" "They are…"	« C'est… » *seh* « Ce sont… » *suh sohn*

Attention!

- un/une **(sg.)** → des **(pl.)**
  a/an/one   *some*

- le/la **(sg.)** → les **(pl.)**
  the   *the*

- singular noun + **-s** = plural noun
  e.g. une pomme → des pommes
  an apple   *some apples*
  singular   **plural**

F. **Écrivez deux phrases pour chaque image.**
Write two sentences for each picture.

Singulier Singular	Pluriel Plural

1. _____ une fraise.   _____ des fraises.

2. _____   _____

3. _____   _____

4. _____   _____

5. _____   _____

6. _____   _____

7. _____   _____

Les produits laitiers

Milk Products

Vocabulary: Words for milk products

Review: Special conjugation of "manger"

Expressions: « Je bois de... »
"I drink/am drinking..."

Je bois du lait!
juh bwah dew leh
I am drinking milk!

A. Copiez les mots.
Copy the words.

A le lait *luh leh*

_____

B le beurre *luh buhr*

_____

C la crème glacée *lah krehm glah·seh*

_____

D la crème fouettée *lah krehm fweh·teh*

_____

E le fromage *luh froh·mahj*

_____

F le lait au chocolat *luh leh oh shoh·koh·lah*

_____

G le yogourt *luh yoh·goort*

_____

Les produits laitiers (m.)
Milk Products

_____

leh proh·dwee leh·tyeh

ISBN: 978-1-927042-80-9

B.   Mettez les lettres dans le bon ordre.
Put the letters in the correct order.

1.   _____

2.   _____

3.   _____

4.   _____

5.   _____

6.   _____

C.   Remplissez les tirets et trouvez le mot mystère.
Fill in the blanks and find the mystery word.

c__ __m__ g__a__é__

__r__m__ge

__a__t au ch__c__ __a__

__ __g__u__ __

Le mot mystère est

_____

D.   **Reliez les mots anglais aux mots français correspondants.**
Match the English words with the corresponding French words.

Milk Products

whipped cream •

chocolate milk •

cheese •

butter •

yogourt •

Les produits laitiers

• le fromage

• le lait au chocolat

• la crème fouettée

• le yogourt

• le beurre

E.   **Donnez le nom du produit laitier que l'on mange avec l'aliment indiqué.**
Write the name of a milk product that is eaten with the following food.

A _____

B _____

C _____

D _____

An Irregular "-ER" Verb

« Manger » au présent
To eat

Nous mang-er → mang- → mang-e-ons
All other forms of manger are regular!

singular	plural
Je mange	Nous mangeons
Tu manges	Vous mangez
Il/Elle mange	Ils/Elles mangent

du, de la, de l' = some

In French, when you say you are eating something **uncountable** (like milk products), "de" comes before the noun and it means "some".

e.g. Je mange de la crème fouettée.
I am eating **some** whipped cream.

but: Je mange la **pomme**.
I am eating **the** apple.

Remember: *de + le = du*

de + le
Je mange du fromage.
I am eating some cheese.

F. Construisez des phrases avec la bonne forme du verbe « manger » suivie de « du/de la ».
Make sentences with the correct form of the verb "manger" followed by "du/de la".

1. (tu) (manger) (le beurre)

_____

2. (nous) (manger) (la crème fouettée)

_____

3. (je) (manger) (la crème glacée)

_____

4. (il) (manger) (le yogourt)

_____

Grade 5

ISBN: 978-1-927042-80-9   **Complete FrenchSmart** · Grade 5   37

G. Trouvez les mots cachés dans la grille.
Find the words in the word search.

crème fouettée   **lait fouetté**   **chocolat chaud**
milkshake   hot chocolate

yogourt   **lait au chocolat**   **fromage**   **crème glacée**   **beurre**

c	r	è	m	e	f	o	u	e	t	t	é	e	u	g
f	h	c	h	o	c	o	l	a	t	c	h	a	u	d
r	c	r	è	m	e	g	l	a	c	é	e	f	k	y
o	t	d	v	c	j	l	s	q	r	b	x	z	é	j
m	l	a	i	t	a	u	c	h	o	c	o	l	a	t
a	t	k	i	û	é	o	k	s	e	b	v	n	m	l
g	e	l	a	i	t	f	o	u	e	t	t	é	l	n
e	p	n	m	u	c	v	b	e	u	r	r	e	p
o	r	h	j	n	y	o	g	o	u	r	t	é

ISBN: 978-1-927042-80-9

Expressions

En anglais : **In English**	En français : **In French**
"I drink/am drinking..."	« Je bois... » *juh bwah*

le lait

Je bois du lait.
juh bwah dew leh

I am drinking some milk!

Note: Just like "eating", when you say you are drinking something uncountable, you must use **"du, de la, de l'"** before the noun.

e.g. Je bois **du** jus.
I am drinking **some** juice.

H. Construisez des phrases avec l'expression « Je bois du/ de la... ».
Make sentences with the expression "Je bois du/de la...".

1.   le lait fouetté
luh leh fweh·teh

milkshake

_____

2.   le lait au chocolat
luh leh oh shoh·koh·lah

chocolate milk

_____

3.   le chocolat chaud
luh shoh·koh·lah shoh

hot chocolate

_____

4.   la soupe
lah soop

soup

_____

Les viandes et les substituts

Meat and Alternatives

Vocabulary: Words for meat and alternatives

Grammar: Quel/Quels, Quelle/Quelles

Expressions: « Quel...préférez-vous? »
"Which...do you prefer?"

Quel groupe alimentaire préférez-vous?
kehl groop ah·lee·maan·tehr preh·feh·reh voo

Which food group do you prefer?

A. Copiez les mots.
Copy the words.

Les viandes
meat

leh vee·aand

La volaille	Les fruits de mer (m.)	Les viandes rouges (f.)
poultry	seafood	red meat
lah voh·lahy	*leh frwee duh mehr*	*leh vee·aand rooj*
le poulet	le poisson	le bœuf
chicken	fish	beef
luh poo·leh	*luh pwah·sohn*	*luh buhf*
le canard	une moule	l'agneau (m.)
duck	a mussel	lamb
luh kah·nahr	*ewn mool*	*lah·nyoh*
la dinde	la crevette	le porc
turkey	shrimp	pork
lah dahnd	*lah kruh·vet*	*luh pohr*

Les substituts (m.)
alternatives

leh sewb·stee·tew

Les noix (f.)
nuts

_____
leh nwah

l'arachide (f.)
peanut

_____
lah·rah·sheed

l'amande (f.)
almond

_____
lah·maand

le cajou
cashew

_____
luh kah·joo

la pacane
pecan

_____
lah pah·kahn

Les fèves (f.)
beans

_____
leh fehv

les lentilles (f.)
lentils

_____
leh laan·teey

le soja
soybean

_____
luh soh·jah

le haricot de Lima
lima bean

_____
luh ah·ree·koh duh lee·mah

les fèves jaunes (f.)
wax beans

_____
leh fehv john

l'œuf (m.)
egg

_____
luhf

le beurre d'arachide
peanut butter

_____
luh buhr dah·rah·sheed

le houmous
hummus

_____
luh oo·moos

le tofu
tofu

_____
luh toh·foo

les produits laitiers (m.)
milk products

_____
leh proh·dwee leh·tyeh

B. **Écrivez votre nourriture favorite pour chaque groupe alimentaire.**
Write your favourite food from each food group.

La volaille

Les fruits de mer

Les viandes rouges

C. **Encerclez le mot qui n'appartient pas au groupe.**
Circle the word that does not belong to the group.

1.
les fèves jaunes

les haricots

le bœuf

le soja

2.
le poulet

la dinde

la crevette

le canard

3.
le poisson

l'amande

les moules

la crevette

4.
le houmous   l'agneau

le bœuf   le porc

5.
la viande rouge

les fruits de mer

la volaille

l'œuf

6.
le poulet   l'agneau

le poisson   l'arachide

D. **Écrivez le nom du groupe alimentaire auquel chaque animal appartient.**
Write the name of the food group to which each animal belongs.

1.
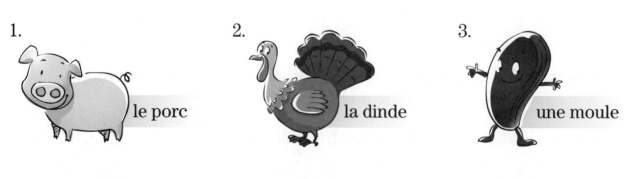
le porc

2.
la dinde

3.
une moule

_____   _____   _____

Grade 5

E. Écrivez le nom des aliments représentés dans les images.
Write the names of the food in the pictures.

A. _____

B. _____

C. _____

D. _____

E. _____

F. _____

G. _____

H. _____

I. _____

J. _____

K. _____

ISBN: 978-1-927042-80-9   Complete FrenchSmart · Grade 5   43

Les adjectifs interrogatifs
Interrogative Adjectives

Quel/Quels
vs.
Quelle/Quelles

Quel?
kehl
Which?

In French, when you want to know which one or what thing, you use quel. Its form changes according to the number and the gender of the noun.

The different forms of the interrogative adjective:

masculine (m.)	singular (sg.)	quel
	plural (pl.)	quels
feminine (f.)	singular (sg.)	quelle
	plural (pl.)	quelles

The interrogative adjective must agree in **number (sg./pl.)** and **gender (m./f.)** with the noun that follows it.

e.g.   Quel **garçon?** (m.sg.)
Which boy?

Quelles **filles?** (f.pl.)
Which girls?

Quelle viande?
kehl vee·aand
Which meat?

F.   Encerclez ou écrivez la bonne forme de l'adjectif interrogatif.
Circle or write the correct form of the interrogative adjective.

1. **Quel / Quels** poulet (m.sg.)?

2. **Quelle / Quelles** moules (f.pl.)?

3. **Quel / Quelle** crevette (f.sg.)?

4. **Quelle / Quel** noix (f.sg.)?

5. _____ œuf (m.sg.)?

6. _____ lentilles (f.pl.)?

7. _____ fève (f.sg.)?

8. _____ poissons (m.pl.)?

9. _____ pacanes (f.pl.)?

10. _____ arachides (f.pl.)?

ISBN: 978-1-927042-80-9

Expressions

En anglais :	En français :
In English	**In French**
"Which/what...do you prefer?"	« Quel...préférez-vous? » *kehl...preh·feh·reh voo*

Quel Quelle Quels Quelles

They are all pronounced "kehl".

Quelle noix préférez-vous?

kehl nwah preh·feh·reh voo

Which nut do you prefer?

G. **Complétez les expressions en utilisant la bonne forme de l'adjectif interrogatif « quel ».**

Complete the expressions using the correct form of the interrogative adjective "quel".

1. Q__ __l bo__ __f préférez-vous?
   (beef m.sg.)

2. _____ préférez-vous?
   (pork m.sg.)

Remember, the interrogative adjective "Quel" must agree in gender and number with the noun!

3. _____ préférez-vous?
   (peanut f.sg.)

4. _____
   (almonds f.pl.)

5. _____
   (seafood m.pl.)

Les céréales

Grains

Vocabulary: Words related to cereal grains

Grammar: Agreement of partitive articles:
du, de la, de l', des
"-GER" verbs of the first group

> **Miam! Je mange des crêpes!**
> *myahm juh maanj deh krehp*
>
> *Mmmm! I'm eating pancakes!*

A. Copiez les mots.
Copy the words.

les grains (m.)	**le maïs**	**le blé**
grains	maize	wheat
_____	_____	_____
leh grehn	*luh mah·eess*	*luh bleh*
le riz	**les pâtes (f.)**	**le gruau**
rice	pasta	oatmeal
_____	_____	_____
luh ree	*leh paht*	*luh grew·oh*
le pain	**les crêpes (f.)**	**les gaufres (f.)**
bread	pancakes	waffles
_____	_____	_____
luh pahn	*leh krehp*	*leh gohfr*
les craquelins (m.)	**le maïs soufflé**	
crackers	popcorn	
_____	_____	
leh krah·klahn	*luh mah·ees soo·fleh*	

ISBN: 978-1-927042-80-9

B. Écrivez le nom de l'aliment.
Write the name of the food.

1. _____

2. _____

3. _____

4. _____

5. _____

6. _____

7.

A _____

B _____

C _____

C. Quels produits préférez-vous? Cochez vos réponses.
Which food items do you prefer? Check your answers.

◯ les pâtes   ◯ les craquelins   ◯ le maïs soufflé

◯ le pain   ◯ les gaufres   ◯ les crêpes

D. **Choisissez deux aliments que vous mangez à chaque repas. Ensuite construisez une phrase avec « Je mange (de)… ».**
Choose two things that you would eat at each meal. Then make a sentence with "Je mange (de)…".

les crêpes   les gaufres
les craquelins   le maïs
le pain   le riz
le gruau   le maïs soufflé

Remember:
Manger + de + uncountable noun

le déjeuner
breakfast

le dîner
lunch

le souper
dinner

Je mange _____

_____ .

_____

_____

_____

_____

E. **Qu'est-ce que chaque enfant mange? Complétez les phrases.**
What is each child eating? Complete the sentences.

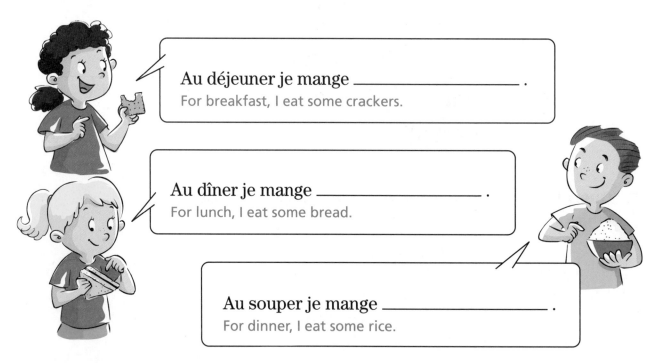

Au déjeuner je mange _____ .
For breakfast, I eat some crackers.

Au dîner je mange _____ .
For lunch, I eat some bread.

Au souper je mange _____ .
For dinner, I eat some rice.

ISBN: 978-1-927042-80-9

L'accord des articles partitifs
Agreement of Partitive Articles

There are three partitive articles in French that introduce nouns: *du, de la*, and *des*. They mean "some" in English.

du   masculine, singular nouns
     e.g.   Je mange du maïs (m.sg.).
        I'm eating **some** maize.

de la   feminine, singular nouns
     e.g.   Je mange de la crème glacée (f.sg.).
        I'm eating **some** ice cream.

des   masculine or feminine, plural nouns
     e.g.   Je mange des crêpes.
        I'm eating **some** pancakes.

N'oubliez pas!
Don't forget!

"Du" and "de la" become "de l'" in front of nouns that start with a vowel or a silent "h".

e.g.   Je mange de l'ananas (m.sg.).
      I'm eating **some** pineapple.

F.   **Remplissez les tirets avec le bon article partitif.**
Fill in the blanks with the correct partitive articles.

1.   Je mange _____ céréales.
                (f.pl.)

2.   Je bois _____ chocolat chaud.
               (m.sg.)

3.   Je mange _____ agneau.
                (m.sg.)

4.   Je bois _____ lait au chocolat.
               (m.sg.)

5.   Je mange _____ lentilles.
                (f.pl.)

6.   Je mange _____ quinoa.
               (m.sg.)

7.   Je mange _____ œufs.
                (m.pl.)

8.   Je mange _____ laitue.
               (f.sg.)

> **Nous partageons des craquelins.**
> *noo par·tah·john deh krah·klahn*
>
> *We are sharing some crackers.*

Irregular Verbs of the 1st Group
Verbs Ending in "-GER"

Verbs ending in "**-GER**" belong to the first group and have the same endings as any other "-ER" verb except in the **first person plural**.

singular	plural	"-GER" verbs:	
-ge	-geons	manger to eat *maan·jeh*	
-ges	-gez	nager to swim *nah·jeh*	arranger to arrange *ah·raan·jeh*
-ge	-gent	partager to share *par·tah·jeh*	changer to change *shaan·jeh*

G. **Complétez les phrases avec la bonne forme du verbe donné. Ensuite traduisez en anglais.**

Complete the sentences with the correct form of the given verbs. Then translate the sentences into English.

en français   en anglais

1. Vous _____ dans la piscine.   _____
   (**nager**)

2. Nous _____ nos papiers.   _____
   (**arranger**)

3. Ils _____ leurs chaussures.   _____
   (**changer**)

4. Tu _____ de la dinde.   _____
   (**manger**)

5. Nous _____ des biscuits.   _____
   (**partager**)

6. Elle _____ du pain.   _____
   (**manger**)

H. **Faites une phrase pour chacune des images. Utilisez le verbe « manger » avec la bonne forme de l'article partitif.**

Make a sentence for each of the pictures. Use the verb "manger" with the correct form of the partitive article.

A Le garçon mange du _____ .

B _____

C _____

D _____

E _____

F _____

La révision 1

A. Encerclez la bonne réponse.
Circle the correct answer.

1. Je porte _____ .

   A. un collier   B. une écharpe   C. des lunettes

2. Voilà _____ .

   A. mes yeux   B. mes doigts   C. mon visage

3. Le chat _____ .

   A. sommeillent   B. dessine   C. sommeille

4. La fille est _____ .

   A. contente   B. gentil   C. fatiguée

5. _____ pousse sous la terre.

   A. La carotte   B. La fraise   C. Les raisins

6. Je mange _____ .

   A. pain   B. du pain   C. le lait

ISBN: 978-1-927042-80-9

7. _____ est un produit laitier.

   A. Le maïs   B. La crème glacée   C. L'œuf

8. Ce sont _____ dents.

   A. ta   B. notre   C. ses

9. Je _____ avec mes yeux.

   A. dansent   B. pense   C. regarde

10. Je bois _____ au déjeuner.

    A. du lait   B. du canard   C. des crevettes

11. _____ bague (f.) préférez-vous?

    A. Quels   B. La   C. Quelle

12. Un homme a deux _____ et dix _____ .

    A. yeux; cheveux   B. épaules; orteils   C. doigts; jambes

13. _____ est vert.

    A. La tomate   B. La fraise   C. Le concombre

14. _____ est un fruit de mer.

    A. Les pâtes   B. Le gruau   C. Le poisson

15. _____ et heureux sont des synonymes.

    A. Content   B. Fatiguée   C. Effrayé

16. Nous _____ à l'école.

    A. rêvons   B. dansons   C. étudions

B. **Remplissez les tirets pour écrire le nom des objets.**
Fill in the blanks to write the names of the objects.

A l__s   s____r____l__

B s__n   _____l

C le__   c____v_____

D u____   __on_____

E l__   ba_____

F __n   br_____let

G l__   f____m_____

H l__   r____

I l__   ____i__e

J l__   p____l____

K un   _____

L __'__r__n____

M un   _____s__n

N u____   g____fr__

O l__   cr__m__   fo____t__é__

P l__s   ____e____s

Q l____   b____c____t__

ISBN: 978-1-927042-80-9

C. Mettez la bonne lettre dans le cercle.
Put the correct letter in the circle.

Tu...

J'aime...

Il porte...

J'écoute avec...

Voilà ma...

Alice est...

Paul est...

Julie et moi,...

Nous mangeons...

Une pomme pousse...

Le pluriel d'« un chapeau » est...

A danser.

B nous étudions.

C des lunettes.

D gentille.

E pleures.

F des chapeaux.

G heureux.

H mes oreilles.

I de la crème glacée.

J dans l'arbre.

K sœur.

D. **Écrivez la bonne lettre dans le cercle et complétez l'expression.**
Write the correct letter in the circle and complete the expression.

1. Voilà mes chaussures! _____

A   **B**   **C**

2. La chienne est _____ .

A content   **B** fatiguée   **C** drôle

3. Ce sont _____ .

A une carotte   **B** des fraises   **C** une fraise

4. Je bois _____ .

A du lait au chocolat   **B** une pomme   **C** le lait au chocolat

ISBN: 978-1-927042-80-9

5. Quelle _____ préférez-vous?

   A saison (f.)

   B fruit (m.)

   C sport (m.)

6. Nous aimons _____ .

   A dansons

   B parler

   C étudies

7. un œil x 6 = _____ .

   A six sourcils

   B 10 doigts

   C six yeux

8. Tu portes tes _____ .

   A pommes

   B bague

   C lunettes de soleil

Les nombres : de 1 à 69

Numbers: 1 to 69

Un est plus grand que deux!
euhn eh plew graan kuh duh
One is bigger than two!

Vocabulary: Numbers: 1 to 69

Expressions: « ...est plus grand/plus petit que... »
"...is bigger/smaller than..."

A. Copiez les mots et remplissez les tirets où nécessaire.
Copy the words and fill in the blanks where necessary.

un 1	six 6	onze 11	seize 16
euhn	*seess*	*ohnz*	*sehz*
deux 2	sept 7	douze 12	dix-sept 17
duh	*seht*	*dooz*	*dees·seht*
trois 3	huit 8	treize 13	dix-huit 18
trwah	*weet*	*trehz*	*deez·weet*
quatre 4	neuf 9	quatorze 14	dix-neuf 19
kahtr	*nuh*	*kah·tohrz*	*deez·nuhf*
cinq 5	dix 10	quinze 15	vingt 20
sahnk	*deess*	*kahnz*	*vahn*

20
vingt
_____
vahn

vingt et u__
21 *vahn teh euhn*

vingt-de__x
22 *vahnt·duh*

vingt-tr__ __s
23 *vahnt·trwah*

vingt-q__ __tr__
24 *vahnt·kahtr*

vingt-c__ __ __
25 *vahnt·sahnk*

vingt-s__ __
26 *vahnt·seess*

vingt-s__ __t
27 *vahnt·seht*

vingt-h__ __t
28 *vahnt·weet*

vingt-__ __ __f
29 *vahnt·nuhf*

ISBN: 978-1-927042-80-9

Follow the same format as the 20's for numbers 30 to 69. Just replace "vingt" with "trente, quarante, cinquante, soixante".

30 trente

traant

trente et _____

31 *traant eh euhn*	32 *traant duh*	33 *traant trwah*
34 *traant kahtr*	35 *traant sahnk*	36 *traant seess*
37 *traant seht*	38 *traant weet*	39 *traant nuhf*

40 quarante

kah·raant

quarante _____

41 *kah·raant eh euhn*	42 *kah·raant duh*	43 *kah·raant trwah*
44 *kah·raant kahtr*	45 *kah·raant sahnk*	46 *kah·raant seess*
47 *kah·raant seht*	48 *kah·raant weet*	49 *kah·raant nuhf*

50 cinquante

sahn·kaant

cinquante _____

51 *sahn·kaant eh euhn*	52 *sahn·kaant duh*	53 *sahn·kaant trwah*
54 *sahn·kaant kahtr*	55 *sahn·kaant sahnk*	56 *sahn·kaant seess*
57 *sahn·kaant seht*	58 *sahn·kaant weet*	59 *sahn·kaant nuhf*

60 soixante

swah·saant

soixante _____

61 *swah·saant eh euhn*	62 *swah·saant duh*	63 *swah·saant trwah*
64 *swah·saant kahtr*	65 *swah·saant sahnk*	66 *swah·saant seess*
67 *swah·saant seht*	68 *swah·saant weet*	69 *swah·saant nuhf*

B. **Remettez les nombres à la bonne place.**
Put the numbers in the correct place.

vingt-cinq   dix   cinquante-huit   trente-quatre
quarante   vingt-deux   cinquante-neuf   trente
cinquante et un   seize   quarante-six   soixante-six

_____

_____

_____

_____

_____

_____

_____

_____

_____

_____

_____

_____

 Complete FrenchSmart · Grade 5   ISBN: 978-1-927042-80-9

C. Écrivez les nombres qui manquent.
Write the missing numbers.

1. treize

   quatorze

   [ ]

   seize

2. dix

   vingt

   trente

   [ ]

3. [ ]

   six

   sept

   huit

4. cinquante-quatre

   cinquante-cinq

   cinquante-six

   [ ]

   [ ]

5.

quarante

quarante-deux

quarante-trois

6. trente → trente-cinq → quarante

[ ] ← cinquante ← [ ]

7. dix-neuf → vingt → [ ]

[ ] ← vingt-trois ← vingt-deux

D. Écrivez les nombres en chiffres dans la colonne à gauche et ceux dans la colonne à droite en lettres.

Write the numbers in the left column in digits and the ones in the right column in words.

1. neuf   _____

9.

 55 _____

2. cinquante   _____

48 _____

3. **quarante-sept**   _____

26 _____

4. **dix-huit**   _____

53 _____

5. cinquante-trois   _____

31 _____

6. quarante-quatre   _____

39 _____

7. **trente-six**   _____

 64

8. vingt-cinq   _____

_____

ISBN: 978-1-927042-80-9

Expressions

En anglais : In English	En français : In French
"...is bigger than..." "...is smaller than..."	« ...est plus grand que... » *eh plew graan kuh* « ...est plus petit que... » *eh plew puh·tee kuh*

Le numéro neuf est plus grand que le numéro deux!
luh new·meh·roh nuhf eh plew graan kuh luh new·meh·roh duh
Number nine is bigger than number two!

E. Encerclez la bonne réponse.
Circle the correct answer.

1. **Quatre / Quarante**   est plus grand que *quatorze*.

2. **Quarante-sept / Huit**   est plus petit que *neuf*.

3. **Cinquante / Cinq**   est plus petit que *quinze*.

F. Traduisez les phrases en français.   Écrivez les nombres en lettres.
Translate the sentences into French.   Write the numbers in words.

1. 23 is bigger than 13.

   _____

2. 52 is bigger than 25.

   _____

3. 16 is smaller than 60.

   _____

La quantité et les équations

Quantity and Equations

Vocabulary: Words for equations and quantity

Grammar: Adverbs of quantity

Expressions: « Combien font...et... ? »
"How many does...and...make?"
« ...et...font... »
"...and...make..."

Je suis très riche!
juh swee treh reesh
I am very rich!

Je suis moins riche mais plus gentille!
juh swee mwahn reesh meh plew jaan·teey
I am less rich but kinder!

A. Copiez les mots.
Copy the words.

les nombres
the numbers

_____
leh nohmbr

les chiffres
the digits

_____
leh sheefr

l'addition addition

_____
lah·dee·syohn

la soustraction subtraction

_____
lah soos·trahk·syohn

plus
plus

_____
plews

la somme
the sum

_____
lah sohm

moins
minus

_____
mwahn

la différence
the difference

_____
lah dee·feh·raans

$$7 + 5 = 12$$

$$12 - 4 = 8$$

additionner (v.)
to add

_____
ah·dee·syohn·neh

égaler (v.)
to equal

_____
eh·gah·leh

le signe égal
equal sign

_____
luh seeny eh·gahl

ISBN: 978-1-927042-80-9

B. Mettez les lettres dans le bon ordre pour écrire le mot correspondant.
Put the letters in the correct order to write the corresponding word.

1. _____   2. _____   3. _____

4. _____   5. _____

6. _____   7. _____

C. Classez les équations.
Sort the equations.

A 3 + 7 = 10   B 15 − 6 = 9

C 6 − 1 = 5   D 8 + 3 = 11

l'addition : _____

la soustraction : _____

E 8 + 8 = 16   F 4 + 1 = 5

Les adverbes de quantité
Adverbs of Quantity

An adverb can modify a verb, an adjective, or another adverb!

peu little, not much
puh

verbe + beaucoup a lot
boh·koo

très + adjectif very
treh

assez enough
ah·seh

trop too much
troh

moins less
mwahn

plus more
plew

verb + adverb
e.g. Il étudie (v.) beaucoup.
     He studies a lot.

adverb + adjective
e.g. Il est très gentil (adj.).
     He is very nice.

D. Remplissez les tirets avec le bon adverbe.
Fill in the blanks with the correct adverbs.

adverb + adjective

Elles sont [peu / très / trop / plus / assez / moins] gentilles.

These adverbs can modify all the adjectives introduced in Unit 4.

1. Je mange _____ .
    too much

2. Nous nageons _____ en hiver.
    little, not much (adv.)

3. 7 est _____ _____ que 8.
    smaller: more (adv.)   small (adj.)

4   Le chien est _____ drôle.
    very (adv.)

5. Alice est _____ _____ que Lucie.
    more (adv.)   tired (adj.)

6. Il mange _____ parce qu'il a _____ faim.
    a lot (adv.)   very (adv.)   hungry (adj.)

Expressions

"*Égaler*" is a verb of the 1ˢᵗ group and it has to be used with the correct ending.

"Plus" and "moins" are used when reading an equation out loud.

En anglais : In English	En français : In French
"...plus...equals..." "...minus...equals..."	« ...plus...égalent... » *...plews...eh·gahl...* « ...moins...égalent... » *...mwahn...eh·gahl...*

Trois plus quatre égalent sept.
trwah plew kahtr ehgahl seht
Three plus four equals seven.

E. Reliez chaque phrase à l'équation correspondante.
Match each phrase with the corresponding equation.

◯ Seize plus quatre égalent vingt.

◯ Cinq plus six égalent onze.

◯ Neuf moins trois égalent six.

◯ Quarante moins quatorze égalent vingt-six.

◯ Cinquante plus quinze égalent soixante-cinq.

A $5 + 6 = 11$

B $50 + 15 = 65$

C $40 - 14 = 26$

D $16 + 4 = 20$

E $9 - 3 = 6$

F. Mettez les phrases en équation.
Write the equation for each sentence.

1. Trente moins trois égalent vingt-sept. _____

2. Douze plus six égalent dix-huit. _____

3. Soixante moins seize égalent quarante-quatre. _____

G. Écrivez une équation pour chaque image, d'abord en mots, ensuite en chiffres.

Write an equation for each picture, first in words and then in numbers.

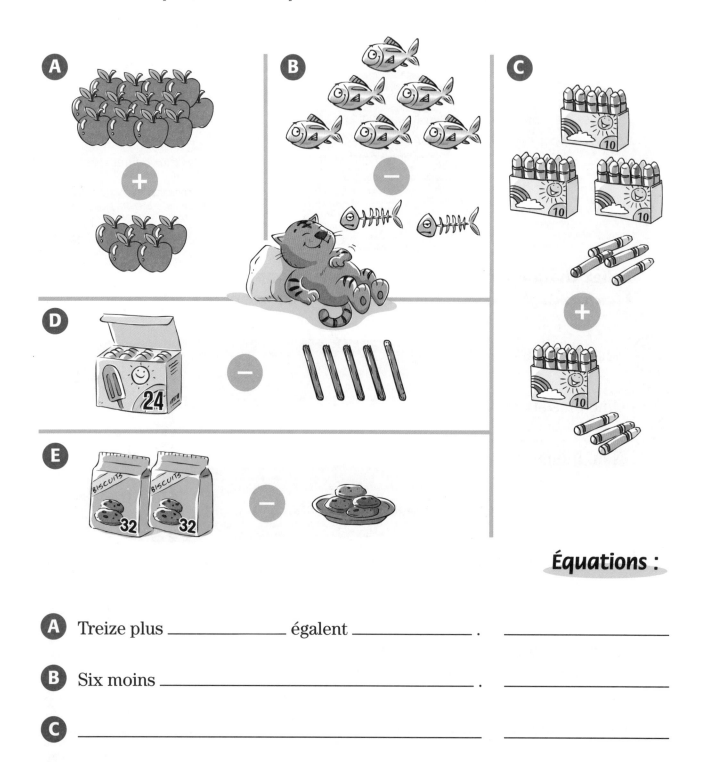

Équations :

A   Treize plus _____ égalent _____ .   _____

B   Six moins _____ .   _____

C   _____   _____

D   _____   _____

E   _____   _____

En anglais :

In English

"How many does... and...make?"

En français :

In French

« Combien font... et...? »
kohm·byahn fohn

Another way to express addition is to use "et" instead of "plus".

Combien font trois et deux?
kohm·byahn fohn trwah eh duh

How many does three and two make?

Trois et deux font cinq!
trwah eh duh fohn sahnk

Three and two makes five!

H. Pour chaque image, demandez la somme dans une question et donnez la réponse.

For each picture, ask about the sum and give the answer.

1.

Combien _____ ?

_____

2.

_____

_____

3.

_____

_____

Les métiers

Professions

Vocabulary:	Words for common professions
Grammar:	"Vous" as a polite form of "tu"
Expressions:	« Il est (profession). »
	"He is a (profession)."

Je suis médecin!
juh swee mehd·sahn
I am a doctor!

A. Copiez les mots.
Copy the words.

A un artiste

_____

euhn ahr·teest

B une musicienne

_____

ewn mew·zee·syehn

C une factrice

_____

ewn fahk·treess

D une policière

_____

ewn poh·lee·syehr

E un réalisateur

_____

euhn reh·ah·lee·zah·tuhr

F une actrice

_____

ewn ahk·treess

ISBN: 978-1-927042-80-9

G un fermier

euhn fehr·myeh

H un boucher

euhn boo·sheh

I un avocat

euhn ah·voh·kah

J une enseignante

ewn aan·seh·nyaant

K un plombier

euhn plohm·byeh

L un médecin

euhn mehd·sahn

M un infirmier

euhn ahn·feer·myeh

N une pompière

ewn pohm·pyehr

O une charpentière

ewn shahr·paan·tyehr

P un boulanger

euhn boo·laan·jeh

Q une dentiste

ewn daan·teest

B.   Écrivez le nom du métier correspondant.
Write the name of the corresponding profession.

A

B

C

D

E

F

G

H

A _____

B _____

C _____

D _____

E _____

F _____

G _____

H _____

Les métiers en français
Professions in French

masculin $\xrightarrow{+e}$ féminin

un avocat/une avocate
un professeur/une professeure
un musicien/une musicienne

masculin -eur $\rightarrow$ féminin -rice

un facteur   une factrice
un acteur   une actrice
un réalisateur une réalisatrice

masculin -(i)er $\rightarrow$ féminin -(i)ère

un charpentier   une charpentière
un boulanger   une boulangère
un pompier   une pompière
un plombier   une plombière
un boucher   une bouchère
un policier   une policière
un infirmier   une infirmière
un fermier   une fermière

Most professions have both a masculine and a feminine form. Those that don't, you simply change the articles "le, un" to "la, une".

un/une artiste
un/une dentiste

C. **Indiquez le genre de chaque métier en le reliant à la bonne image. Ensuite écrivez le genre opposé.**

Indicate the gender of each word by drawing a line to the correct person. Then give the opposite gender of each word.

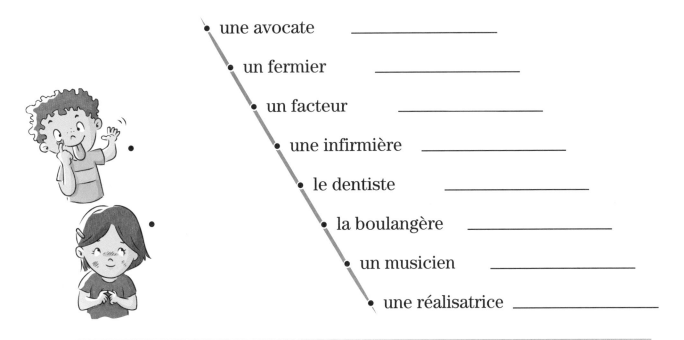

une avocate _____

un fermier _____

un facteur _____

une infirmière _____

le dentiste _____

la boulangère _____

un musicien _____

une réalisatrice _____

Vous vs. tu

In French, when you address someone older than you or someone you do not know well, you must use "vous" instead of "tu".

"Vous" is a polite form of "tu".

"vouvoyer" = a verb used when you address someone politely using "vous"

e.g. Vous vouvoyez vos enseignants.
You use "vous" to address your teachers.

Voilà votre dîner!
Here is your lunch!

D. **Écrivez « vous » ou « tu » pour addresser les personnes suivantes.**
Write "vous" or "tu" to address the following people.

1. your sister _____

2. the mail carrier _____

3. your doctor _____

4. your mom _____

5. your teacher _____

6. your cat _____

E. **Lisez les dialogues et encerclez la personne à laquelle le garçon parle.**
Read the dialogue and circle the person to whom each boy would be speaking.

1.

Vous êtes gentil.

son chien

son médecin

2.

Tu es heureuse.

sa sœur

sa boulangère

ISBN: 978-1-927042-80-9

In French, when you want to tell someone's profession, you leave out the article: "un/une ; le/la".

En anglais :
In English

"He/she is a _____ ."
profession
e.g. He is a baker.

En français :
In French

« Il/elle est _____ . »
métier
e.g. Il est boulanger.

Attention!

Monsieur [M.] *Mister, Sir*
muh·syuh

Madame [Mme] *Madam*
mah·dahm

Mademoiselle [Mlle] *Miss*
mahd·mwah·zehl

Bonjour Mademoiselle!
bohn·joor mahd·mwah·zehl
Hello miss!

Je suis musicien.
juh swee mew·zee·syahn
I'm a musician.

Bonjour Monsieur!
bohn·joor muh·syuh
Hello sir!

Je suis artiste.
juh swee zahr·teest
I'm an artist.

F. **Complétez chaque phrase avec le bon métier.**

Complete each sentence with the correct form of the profession.

1. M. Le Blanc est _____ .

2. Mme Dubois est _____ .

3. Mlle Lucie est _____ .

4. M. Le Blanc et M. Laurent sont _____ .

5. Mme Dubois et Mlle Lucie sont _____ .

6. M. Laurent et Mme Dubois sont _____ .

Vocabulary: Words related to the city

Grammar: Qualifying adjectives

> ***Regardez, c'est une grande gare!***
> *ruh·gahr·deh seht ewn graand gahr*
> *Look, it's a big train station!*

A. Copiez les mots.
Copy the words.

une ville

a city

_____

ewn veel

une rue

a street

_____

ewn rew

un bâtiment

a building

_____

euhn bah·tee·maan

une autoroute

a highway

_____

ewn oh·toh·root

une voiture

_____

ewn vwah·tewr

un camion

_____

euhn kah·myohn

un autobus

_____

euhn oh·to·bews

une bicyclette

_____

ewn bee·see·kleht

un taxi

_____

euhn tahk·see

un train

_____

euhn trahn

ISBN: 978-1-927042-80-9

le métro

luh meht·roh

la gare

lah gahr

l'église

lehg·leez

l'école

leh·kohl

le musée

luh mew·zeh

l'hôpital

loh·pee·tahl

l'aéroport

lah·eh·roh·pohr

le cinéma

luh see·neh·mah

le restaurant

luh rehs·toh·raan

l'hôtel

loh·tehl

l'épicerie

leh·peess·ree

la boulangerie

lah boo·laan·jree

la boucherie

lah boosh·ree

la banque

lah baank

le parc

luh pahrk

le dépanneur
the convenience store

luh deh·pah·nuhr

le supermarché
the supermarket

luh sew·pehr·mahr·sheh

la gendarmerie
the police station

lah jaan·dahr·muh·ree

la station-service
gas station

lah stah·syohn·sehr·vees

le magasin
the store

luh mah·gah·zahn

la pharmacie
the pharmacy

lah fahr·mah·see

 ISBN: 978-1-927042-80-9

B. **Écrivez le nom de l'établissement correspondant à chaque image.**
Write the name of the establishment corresponding to each picture.

le cinéma   l'église   l'hôpital   la boulangerie   le musée
l'aéroport   la gendarmerie   l'épicerie   le parc

1.

_____

2.

_____

3.

_____

4.

_____

5.

_____

6.

_____

7.

_____

8.

_____

9.

_____

ISBN: 978-1-927042-80-9

C. Rayez les mots qui n'appartient pas.
Cross out the words that do not belong.

Transportation	Loisirs	Services publics
trahns·pohr·tah·syohn	*lwah·zeer*	*sehr·vees pewb·leek*
Transportation	Leisure	Public Services
le vélo	le cinéma	le métro
l'épicerie	le magasin	la ville
le taxi	l'autobus	l'hôpital
le camion	le parc	la banque
l'hôtel	la banque	la gendarmerie
		l'école

D. Écrivez le nom de l'établissement où vous trouvez ces objets.
Write the names of the places where you find these objects.

1.

_____

2.

_____

3.

_____

4.

_____

5.

_____

Les adjectifs qualificatifs
Qualifying Adjectives

The following adjectives always come **before** the noun, and like all other adjectives, they must agree in gender (m./f.) and number (sg./pl.) with the noun they describe.

adjective	noun

Don't forget that in French, the letter "h" often acts as a vowel. Homme, hôtel, and hôpital all start with a vowel.

big	grand	grande
small	petit	petite
good	bon	bonne
bad	mauvais	mauvaise
old	*vieux (vieil)	vieille
young	jeune	jeune
new	*nouveau (nouvel)	nouvelle
pretty	joli	jolie
handsome/ beautiful	*beau (bel)	belle

* When describing a masculine singular noun that starts with a vowel, these adjectives take the form in the brackets.

e.g. un vieil homme
    an old man

E. **Remplissez les tirets avec la bonne forme de l'adjectif.**

Fill in the blanks with the correct form of the adjectives.

1. un _____ (new) vélo

2. une _____ (small) rue

3. un _____ (new) hôpital

4. un _____ (bad) stylo

5. une _____ (good) chienne

6. un _____ (handsome) homme

7. une _____ (old) bicyclette

8. un _____ (old) hôtel

9.

Je suis une _____ _____ princesse.
        pretty   small

ISBN: 978-1-927042-80-9

F. Encerclez la bonne réponse. Ensuite traduisez la phrase en anglais.
Circle the correct answer. Then translate the sentence into English.

1. Voilà une **bel** / **belle** ville. _____

2. Voilà le **grand** / **grande** camion. _____

3. Voici un **jeune** / **jeunes** garçon. _____

4. Voici un taxi **jaune** / **jaunes**.

_____

> **N'oubliez pas!**
> Don't forget!
>
> | jeune (m./f.) | jaune (m./f.) |
> |---|---|
> | *young* | *yellow* |
> | adjective **before** the noun | adjective **after** the noun |
> | e.g. un jeune homme | e.g. un ballon jaune |
> | *a young man* | *a yellow ball* |

G. Mettez les mots dans le bon ordre.
Put the words in the correct order.

1. jeune / la / fille

_____

2. banane / une / jaune

_____

3. vieux / un / cinéma

_____

4. chatte / Une / mauvaise

_____

A bad cat!

5. un / hôpital / vieil

_____

6. petite / pomme / une

_____

La nature

Nature

> *Les chameaux se trouvent dans le désert.*
> *leh shah·moh suh troov daan luh deh·zehr*
> Camels are found in the desert.

Vocabulary: Words related to nature

Expressions: « ...se trouve/trouvent dans... »

"... is found/are found in..."

A. Copiez les mots.
Copy the words.

la nature nature

_____

lah nah·tewr

le ciel the sky

_____

luh syehl

la terre the earth

_____

lah tehr

une plante a plant

_____

ewn plaant

l'océan the ocean

_____

loh·seh·aan

l'eau water

_____

loh

un hippocampe a sea horse

_____

euhn ee·poh·kaamp

la montagne the mountain

_____

lah mohn·tahny

une chèvre a goat

_____

ewn chehvr

la vallée the valley

_____

lah vah·leh

la jungle the jungle

_____

lah juhngl

un perroquet a parrot

_____

euhn peh·roh·keh

la mousse moss

_____

lah moos

une île an island

_____

ewn eel

un palmier a palm tree

_____

euhn pahlm·yeh

une tortue a turtle

_____

ewn tohr·tew

la forêt the forest

_____

lah foh·reh

un hibou an owl

_____

euhn ee·boo

un sapin a fir tree

_____

euhn sah·pahn

une feuille a leaf

_____

ewn fuhy

le désert the desert

_____

luh deh·zehr

un cactus a cactus

_____

euhn kahk·tews

un chameau a camel

_____

euhn shah·moh

le sable the sand

_____

luh sahbl

B. Utilisez la clé pour trouver les mots. Ensuite reliez le mot à l'image correspondante.

Use the key to find the words. Then match the words with the corresponding pictures.

la clé :

1. $\overline{}_{5}\ \overline{}_{1}\ \overline{}_{21}$ •

2. $\overline{}_{9}\ \overline{}_{12}\ \overline{}_{5}$ •

3. $\overline{}_{3}\ \overline{}_{9}\ \overline{}_{5}\ \overline{}_{12}$ •

4. $\overline{}_{19}\ \overline{}_{1}\ \overline{}_{16}\ \overline{}_{9}\ \overline{}_{14}$ •

5. $\overline{}_{3}\ \overline{}_{8}\ \overline{}_{5}\ \overline{}_{22}\ \overline{}_{18}\ \overline{}_{5}$ •

6. $\overline{}_{13}\ \overline{}_{15}\ \overline{}_{21}\ \overline{}_{19}\ \overline{}_{19}\ \overline{}_{5}$ •

7. $\overline{}_{3}\ \overline{}_{8}\ \overline{}_{1}\ \overline{}_{13}\ \overline{}_{5}\ \overline{}_{1}\ \overline{}_{21}$ •

8. $\overline{}_{13}\ \overline{}_{15}\ \overline{}_{14}\ \overline{}_{20}\ \overline{}_{1}\ \overline{}_{7}\ \overline{}_{14}\ \overline{}_{5}$ •

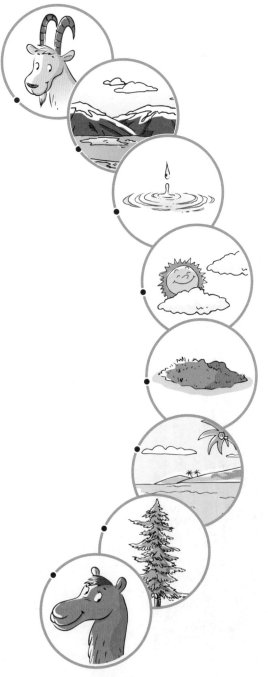

ISBN: 978-1-927042-80-9

C. Encerclez l'habitat des animaux et des plantes suivants.
Circle the habitat of the animals and plants below.

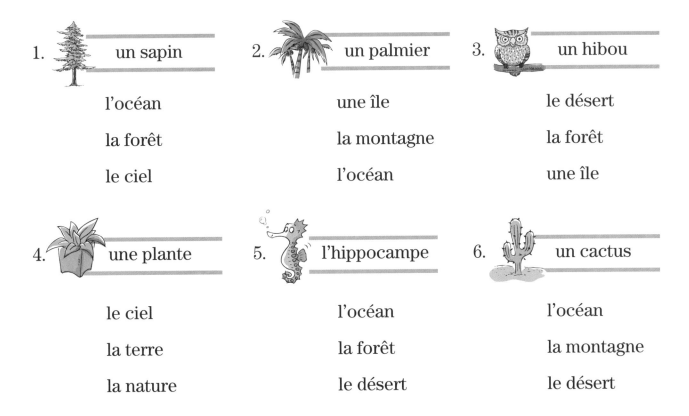

1. un sapin

l'océan

la forêt

le ciel

2. un palmier

une île

la montagne

l'océan

3. un hibou

le désert

la forêt

une île

4. une plante

le ciel

la terre

la nature

5. l'hippocampe

l'océan

la forêt

le désert

6. un cactus

l'océan

la montagne

le désert

D. Mettez les lettres dans le bon ordre. Ensuite trouvez l'objet dans l'image et écrivez la lettre correspondante.
Put the letters in the correct order. Then find the object in the picture and write the corresponding letter.

1. basle ◯

_____

2. actucs ◯

_____

3. hamacue ◯

_____

4. elci ◯

_____

5. aue ◯

_____

A →

B

C

D

E

E. **Écrivez le nom de chaque animal/plante à côté de leur image. Ensuite écrivez le nom de leur habitat sur le panneau.**

Write the name of the animal/plant beside each picture. Then write its habitat on the board.

Expressions

En anglais : In English	En français : In French
"...is found in..." "...are found in..."	« ...se trouve dans... » « ...se trouvent dans... » *se troov daan*

Le cactus se trouve dans le désert!
luh kahk·tews suh troov daan luh deh·zehr
The cactus is found in the desert!

F. **Regardez les images et écrivez une phrase avec « ...se trouve/trouvent dans... » pour indiquer l'habitat de chaque objet.**
Look at the pictures and write a sentence with "...se trouve/trouvent dans..." to indicate the habitat of each object.

A   B   C   D   E

A _____ se trouvent dans _____ .

B _____ se trouve dans _____ .

C _____

D _____

E _____

Les expressions avec « avoir »

Expressions with "Avoir"

Vocabulary/Expressions: Expressions with « Avoir »

> **Nous avons chaud!**
> *noo zah·vohn shoh*
> *We are hot!*

A. Copiez les mots.
Copy the words.

avoir raison	avoir soif	avoir chaud
to be right	to be thirsty	to be hot
_____	_____	_____
ah·vwahr reh·zohn	*ah·vwahr swahf*	*ah·vwahr shoh*
avoir tort	avoir faim	avoir froid
to be wrong	to be hungry	to be cold
_____	_____	_____
ah·vwahr tohr	*ah·vwahr fahm*	*ah·vwahr frwah*
avoir peur	avoir de la chance	avoir l'air
to be scared	to be lucky	to seem
_____	_____	_____
ah·vwahr puhr	*ah·vwahr duh lah shaans*	*ah·vwahr lehr*
avoir honte	avoir sommeil	
to be ashamed	to be sleepy	
_____	_____	
ah·vwahr ohnt	*ah·vwahr soh·mehy*	

ISBN: 978-1-927042-80-9

avoir du mal (à)
to have difficulty

_____

ah·vwahr dew mahl

avoir mal (à)
to have a pain (in)

_____

ah·vwahr mahl

avoir envie (de)
to feel like

_____

ah·vwahr aan·vee

avoir l'habitude (de)
to be in the habit of

_____

ah·vwahr lah·bee·tewd

avoir besoin (de)
to need

_____

ah·vwahr buh·zwahn

avoir (nombre) ans
to be (number) years old

_____

ah·vwahr aan

B. **Écrivez les expressions en français.**
Write the expressions in French.

1. to be thirsty   _____

2. to be ashamed   _____

3. to have a pain (in)   _____

4. to be six years old   _____

5. to be right   _____

6. to be wrong   _____

Expressions

« **Avoir** » au présent
To have

Remember to use the correct form of the verb "avoir" and the correct pronoun with each expression.

singular	plural
j'ai I have	nous avons we have
tu as you (sg.) have	vous avez you (pl.) have
il/elle a he/she has	ils/elles ont they (m./f.) have

When there is no personal pronoun, use... verb endings for

il m.sg.	a masculine noun/name
elle f.sg.	a feminine noun/name
ils m.pl.	groups with at least one masculine noun/name
elles f.pl.	groups of all feminine nouns/names

nous « ___ et moi »   "___ and I"

vous « ___ et toi »   "___ and you"

J'ai trois ans.
jeh trwah zaan
I'm three years old.

C.   **Donnez l'âge de chacun des personnages avec l'expression « avoir _____ ans ».**
Write each person's age with the expression "avoir _____ ans".

1.

Tu – 13 ans

_____

2.   Jean – 32 ans   _____

3.   Vous – 14 ans   _____

4.   Marie – 6 ans   _____

5.   Mon frère et moi – 9 ans   _____

6.   Marc et Tom – 16 ans   _____

7.   Ma sœur et toi – 11 ans   _____

D. Écrivez une phrase pour chaque image en utilisant l'une des deux expressions : « avoir faim/soif » et le bon pronom personnel.

Write a sentence for each picture using one of the two expressions: "avoir faim/soif" and the correct personal pronoun.

A Je

B l'homme

C le fermier

D Jill et toi

E les filles

F Paul et Sylvie

G tu

H Paul

A J'ai _____ .

B _____

C _____

D _____

E _____

F _____

G _____

H _____

Écrivez ce dont chaque personne a besoin

E. **Écrivez ce dont chaque personne a besoin avec l'expression « avoir besoin de ».**
Write what each person needs with the expression "avoir besoin de".

Avoir besoin de + Noun
To need + Noun

de + le = du
de + un = d'un
de + une = d'une

1.

Mme Dubois a besoin _____ .

2.

_____

3.

_____

4.

_____

5.

_____

6.

_____

ISBN: 978-1-927042-80-9

F. Traduisez les phrases en français.
Translate the sentences into French.

Avoir l'air (+ Adj.)
e.g. Il a l'air **gentil**.

Avoir mal **à** (+ Nom du partie du corps)
e.g. J'ai mal aux **genoux**.

Avoir besoin **de** (+ Nom)
e.g. J'ai besoin de **chocolat**.

Avoir envie **de** (+ Infinitif)
e.g. J'ai envie de **jouer**.

Avoir l'habitude **de** (+ Infinitif)
e.g. J'ai l'habitude de **parler**.

Avoir du mal **à** (+ Infinitif)
e.g. J'ai du mal à **étudier**.

1. I am hot.

_____

2. He is hungry.

_____

3. She is right.

_____

4. They are thirsty. (boys)

_____

5. You are scared. (girls and boys)

_____

6. We have difficulty sleeping. _____

7. We are ashamed. _____

8. She has a toothache. _____

9. They (m.) feel like dancing. _____

10. You (sg.) are cold! _____

11. You (f.sg.) seem happy. _____

12. I need some milk. _____

13. Suzie has the habit of eating too much. _____

Unité 15 — Les prépositions et les conjonctions

Prepositions and Conjunctions

Vocabulary: Words for prepositions and conjunctions

Grammar: Using prepositions and conjunctions

> **Pierre?!**

> **Nous sommes sous la table!**
> *noo sohm soo lah tahbl*
> *We are under the table!*

A. Copiez les mots.
Copy the words.

Les prépositions

à to, in, at

_____
ah

sous under

_____
soo

dans in, inside

_____
daan

entre between

_____
aantr

après after

_____
ah·preh

de of, from

_____
duh

devant in front of

_____
duh·vaan

à côté de beside

_____
ah coh·teh duh

avec with

_____
ah·vehk

avant before

_____
ah·vaan

sur on

_____
sewr

derrière behind

_____
deh·ryehr

autour de around

_____
oh·toor duh

sans without

_____
saan

contre against

_____
cohntr

ISBN: 978-1-927042-80-9

Les conjonctions

et and

ou or

mais but

_____
eh

_____
oo

_____
meh

puis then

parce que because

_____
pwee

_____
pahrs kuh

> **J'aime la crème glacée parce que c'est délicieux!**
> *jehm lah krehm glah·seh pahrs kuh seh deh·lee·syuh*
> *I love ice cream because it's delicious!*

B. Regardez l'image et remplissez les tirets avec la bonne préposition.
Look at the picture and fill in the blanks with the correct prepositions.

_____ le fromage

_____ le fromage

_____ le fromage

_____ du fromage

_____ le fromage

_____ du fromage

_____ le fromage

_____ le fromage

C. **Encerclez la préposition dans chaque phrase.**
Circle the preposition in each sentence.

1. Le pain est sur la table.

2. Sarah est dans la maison.

3. Pierre est avec son père.

4. Je suis devant ma sœur.

5. Tu es contre le mur.

6. Nous sommes sans lunettes de soleil.

7. J'ai besoin de mon manteau au printemps.

8. Vous courrez autour de la maison.

D. **Choisissez la bonne préposition.**
Choose the correct preposition.

1. **à / de**   Elle est _____ la maison.

2. **contre / après**   Je regarde la télévision _____ l'école.

3. **avec / sur**   Je danse _____ mes amis.

4. **sous / entre**   Le tapis est _____ la table.

ISBN: 978-1-927042-80-9

E. Traduisez les conjonctions en français.
Translate the conjunctions into French.

or   but   and   because   then

_____   _____   _____   _____   _____

F. Remplissez les tirets avec la bonne conjonction à l'aide de la traduction.
Fill in the blanks with the correct conjunctions with the help of the English translation.

1. Marie sommeille _____ elle est fatiguée.

   Marie is napping because she is tired.

2. Cours à l'épicerie _____ achète des pommes!

   Run to the grocery store and buy some apples!

3. Marche avec moi _____ cours!

   Walk with me or run!

4. La graine est petite _____ la plante est grande.

   The seed is small but the plant is big.

5.

> J'aime le poulet _____ le bœuf.
> I like chicken and beef!

 N'oubliez pas!
Don't forget!

parce que + words starting with a vowel = parce qu'
e.g.   Il danse parce qu'il est content.
   He is dancing because he is happy.

G. **Complétez l'histoire de Marcel avec les prépositions ou les conjonctions qui conviennent.**

Complete Marcel's story with the correct prepositions or conjunctions.

Marcel va _____ l'école chaque jour _____ 8 h 30.
       _to_   _at_

_____ il ne mange jamais son déjeuner _____ il aime dormir.
but   _because_

Aujourd'hui, Charlie, le chien _____ Marcel vient _____ son
                               _of_   _in_

lit _____ une tranche _____ pain _____ sa bouche.
    with   _of_   _in_

_____ Marcel ne veut pas se lever₁ _____ 8 h 30! Charlie
but   _before_

est ennuyé. Il commence₂ à courir _____ de son lit. Marcel n'est pas
                                   around

content _____ il doit se lever.
        but

1. *se lever – to get up*
2. *commencer – to start*

H. **Faites un dessin pour les phrases suivantes.**

Draw a picture that illustrates the sentences below.

Tim est dans sa chambre.
Il est sous son lit.
Sa balle est sur son lit.

ISBN: 978-1-927042-80-9

I. **Regardez les images et complétez les phrases avec la bonne conjonction ou la bonne préposition.**
Look at the pictures and complete the sentences with the correct conjunctions or prepositions.

1.

La chatte est _____ la cage _____

elle a peur du chien.

2.

Le chaton joue _____ la boîte et

_____ la table. Le ballon est _____

la table.

3.

14 h est deux heures _____ midi. 23 h est

une heure _____ minuit. _____ midi

nous mangeons le dîner.

4.

Le cadeau est adressé _____ Paul. Il est de

la part _____ Nicole.
The gift is addressed to Paul. It is from Nicole.

Le zoo

The Zoo

Vocabulary: Words related to the zoo

Grammar: La négation « ne...pas »

> **Je n'aime pas les koalas.**
> *juh nehm pah leh koh·ah·lah*
> *I don't like koalas.*

A. Copiez les mots.
Copy the words.

le zoo
the zoo

_____
luh zoh

une cage
a cage

_____
ewn kahj

un gardien de zoo (m.)
une gardienne de zoo (f.)
a zookeeper

_____
euhn gahr·dyahn duh zoh/
ewn gahr·dyehn duh zoh

Les animaux à quatre pattes
Four-legged Animals

un guépard
a cheetah

_____
euhn geh·pahr

un jaguar
a jaguar

_____
euhn jahg·wahr

une girafe
a giraffe

_____
ewn jee·rahf

un lynx
a lynx

_____
euhn lahnks

un chameau
a camel

_____
euhn shah·moh

une antilope
an antelope

_____
ewn ahn·tee·lohp

un lion
a lion

_____
euhn lee·yohn

un lama
a llama

_____
euhn lah·mah

un hippopotame
a hippopotamus

_____
euhn ee·poh·poh·tahm

ISBN: 978-1-927042-80-9

Les reptiles
Reptiles

une tortue	un crocodile	un serpent
a turtle	a crocodile	a snake
ewn tohr·tew	*euhn kroh·koh·deel*	*euhn sehr·paan*
une grenouille	un lézard	un caméléon
a frog	a lizard	a chameleon
ewn gruh·nweey	*euhn leh·zahr*	*euhn kah·meh·leh·ohn*

Les animaux nautiques
Sea Animals

un phoque	un dauphin	une pastenague
a seal	a dolphin	a stingray
euhn fohk	*euhn doh·fahn*	*ewn pahs·tuh·nahg*

Les oiseaux
Birds

*un héron	un pélican	*un hibou
a heron	a pelican	an owl
euhn eh·rohn	*euhn peh·lee·kahn*	*euhn ee·boo*
un flamant rose	un vautour	un aigle
a pink flamingo	a vulture	an eagle
euhn flah·maan rohz	*euhn voh·toor*	*euhn ehgl*

*** The "h" at the begining of "hibou/héron" is a consonant. l'hibou → le hibou**

Les marsupiaux
Marsupials

Les ours
Bears

un koala	un kangourou	un ours	un panda
a koala	a kangaroo	a bear	a panda
euhn koh·ah·lah	*euhn kahn·goo·roo*	*euhn oors*	*euhn paan·dah*

B. Écrivez le nom de chaque animal.
Write the name of each animal.

1.

_____

2.

_____

3.

_____

4.

_____

5.

_____

6.

7.

_____

8.

_____

_____

9.

A _____

B _____

C _____

D _____

ISBN: 978-1-927042-80-9

C. **Classifiez les animaux suivants selon la façon dont ils se déplacent.**
Classify the animals below according to the way they get around.

Dans le ciel
In the sky

_____

_____

_____

_____

Sur la terre
On land

_____

_____

_____

_____

Dans l'eau
In the water

_____

_____

_____

_____

le chameau

la tortue

le pélican

la girafe

le vautour

le dauphin

le koala

la pastenague

le perroquet

l'ours

le phoque

le hibou

La négation : « ne...pas »
Negation

To make a sentence negative in French, the verb is put between the two negative adverbs "ne...pas".

e.g. Je suis un garçon. ➔ Je ne suis pas un garçon.
        verb   **verb**
      I am a boy.   I am not a boy.

- If the verb starts with a vowel, "ne" becomes "n'".

e.g. J'aime mon chien. ➔ Je n'aime pas mon chien.
      I love my dog.   I don't love my dog.

When using "ne...pas", "ne" goes before the verb and "pas" goes after the verb.

ne verb pas

D. Mettez les mots dans le bon ordre pour écrire une phrase négative.
Put the words in the correct order to write a negative sentence.

1. ne / Tu / sommeilles / pas.

    _____

2. Il / ne / pas. / rêve

    _____

3. Elle / pas / est / artiste. / n'

    _____

4. n' / pas / Je / ai / chaud.

    _____

5. avons / pas / cinq / Nous / n' / ans.

    _____

6. sont / pas / Ils / ne / fâchés.

    _____

ISBN: 978-1-927042-80-9

E. Encerclez la bonne phrase.
Circle the correct sentence.

1.

   Elle ne pleure pas.

   Elle pleure.

2.

   Ils aiment leur voiture.

   Ils n'aiment pas leur voiture.

3.

   Mon frère lit.

   Mon frère ne lit pas.

F. Écrivez les phrases au négatif.
Write the sentences in the negative.

1. J'ai sommeil. _____

2. Ils ont tort. _____

3. Vous êtes à l'hôpital. _____

4. Ma sœur regarde la télé. _____

5. Le chien rêve des chats. _____

6. Luc va au magasin. _____

7. Lucie et moi, nous étudions à la bibliothèque.

   _____

La révision 2

La révision
- Les nombres : de 1 à 69
- La quantité et les équations
- Les métiers
- En ville
- La nature
- Les expressions avec « avoir »
- Les prépositions et les conjonctions
- Le zoo

A. Encerclez la bonne réponse.
Circle the correct answer.

1. A. soixante crayons   B. seize crayons   C. six crayons

2. 14 est plus grand que _____ .

   A. quarante-quatre   B. quatre   C. quantité

3. A. le signe égal   B. la somme   C. la soustraction

4. A. un boucher   B. une bouchère   C. un boulanger

5. A. un médecin   B. une factrice   C. un avocat

6. Il est un _____ homme.

   A. vieux   B. jeune   C. vieil

ISBN: 978-1-927042-80-9

7. Les enfants jouent dans _____ .

   A. l'hôpital   B. le parc   C. l'épicerie

8. J'ai mal au ventre et je vais _____ .

   A. le parc   B. l'hôpital   C. à l'hôpital

9. L' _____ se trouve dans l'océan.

   A. oiseau   B. hippocampe   C. hibou

10. La souris est _____ le fromage.

   A. sous   B. dans   C. derrière

11. J'ai besoin d'eau _____ j'ai soif.

   A. parce que   B. mais   C. et

12. Je donne une bague _____ Marie.

   A. de   B. à   C. après

13. _____ est un animal nautique.

   A. Le kangourou   B. La girafe   C. Le dauphin

14. Les chameaux se trouvent dans _____ .

   A. l'eau   B. le désert   C. la forêt

15. Un camion est _____ qu'une voiture.

   A. plus petit   B. plus grand   C. grand

B. Remplissez les tirets pour écrire le nom des objets.
Fill in the blanks to write the names of the objects.

A l__s pl__ __t__ __

B l__ t__ __ __n

C un__ g__r__ __ __ __

D u__e c__ __ __ __

E u__ __ __r__

F l__ r__ __

G __n__ c__a__p__nti__ __e

H le __a__e__ __ dans son c__m__ __n

I l__ v__ __t__ __ __

J u__ b__t__m__ __ __

K La fille pl__ __ __ __.

L u__ p__l__c__ __ __

M l__ b__c__ __l__t__ __

N u__ b__l__ __n

ISBN: 978-1-927042-80-9

C. **Mettez la bonne lettre dans le cercle.**
Put the correct letter in the circle.

Tu...

Nous...

La chèvre...

Alice et Marie...

Monsieur le Président, ...

Cinquante et onze font...

Paul mange du riz parce qu'...

Je regarde la télévision...

Quarante moins quatre égalent...

J'ai mal aux dents. J'ai besoin d'...

A se trouve dans la montagne.

B vous êtes très gentil.

C regardent le ciel.

D soixante et un.

E avons raison.

F après l'école.

G un dentiste.

H trente-six.

I il a faim.

J as tort.

D. **Écrivez la bonne lettre dans le cercle.**
Write the correct letter in the circle.

1. Cinquante se trouve entre quarante et soixante. _____ ◯

    A 14 < 15 < 16   **B** 40 < 50 < 60   **C** 4 < 5 < 6

2. J'ai peur! _____ ◯

    A   **B**   **C**

3. Mon oiseau n'est pas dans sa cage. _____ ◯

    A   **B**   **C**

4. Mme Leblanc, _____ ! _____ ◯

    A vous êtes très fâchés **B** vous êtes très jolie **C** tu est très gentille

ISBN: 978-1-927042-80-9

5. Il a quatorze ans.

A

B

C

6. Alice est à la fenêtre.

A

B

C

7. La boulangerie est mon magasin préféré.

A

B

C

8. une jolie petite chèvre

A

B

C

ISBN: 978-1-927042-80-9

L'heure du conte

ISBN: 978-1-927042-80-9

L'ours et le renard

Personnages

un ours

un renard

ISBN: 978-1-927042-80-9 **Complete FrenchSmart** • Grade 5

Un jour, deux amis décident de creuser dans un champ ensemble pour planter des **graines de seigle**. Ils travaillent dur toute la journée. Ce n'est pas du travail facile parce que la **terre** est dure. Ils travaillent très bien ensemble.

Réponses courtes

1. Qu'est-ce que les deux amis décident de planter?
2. Quelle partie de la récolte est-ce que l'ours prend?

 Complete FrenchSmart • Grade 5   ISBN: 978-1-927042-80-9

Ils sont fatigués mais très contents. Ils disent qu'ils vont partager la **récolte**. Il y a assez pour tous les deux! Les amis mangent leurs **biscuits** et commencent à attendre leur récolte.

Je prends ce qui est au-dessus de la terre et tu prends ce qui pousse sous terre.

Je vais avoir une bonne récolte cette année.
I am going to have a good harvest this year.

Nouveaux mots
New Words

le graine de seigle : rye seed

la terre : earth, land   *la récolte : harvest*

le biscuit : cookie

ISBN: 978-1-927042-80-9

J'ai seulement des racines!
Ah non! Ce n'est pas juste!

Le seigle **pousse** et pousse. Il est grand et jaune et prêt pour la récolte. Le renard **prend** toutes les graines de seigle. L'ours est surpris et fâché.

Réponses courtes

1. Qu'est-ce qui pousse au-dessus de la terre?

2. Pourquoi est-ce que l'ours est fâché?

ISBN: 978-1-927042-80-9

Le renard **s'échappe** et **abandonne** l'ours.

Je vais prendre ma récolte à la maison.

Nouveaux verbes
New Verbs

Échappons-nous!
Let's escape!

pousser : *to grow (plants)*

prendre : *to take*   s'échapper : *to escape*

abandonner : *to abandon*

ISBN: 978-1-927042-80-9

Plus tard, le renard dit à l'ours : « Plantons des raves ensemble. **Cette fois**, tu peux avoir tout ce qui pousse **au-dessus** de la terre et je prends ce qui pousse **sous terre**. »

Réponses courtes

1. Qu'est-ce que l'ours peut avoir cette fois?

2. Pourquoi est-ce que l'ours est si content?

ISBN: 978-1-927042-80-9

C'est une bonne idée de planter des raves. Elles sont **absolument** délicieuses!

Au-dessus de toi!
Above you!

Nouvelles expressions
New Expressions

cette fois : this time   *au-dessus : above*

sous terre : underground

absolument : absolutely

Les amis regardent les raves pousser **ensemble**. L'ours ne voit pas les raves. Il voit seulement les feuilles vertes. Il commence à se demander si le renard le dupe **encore**.

Je pense que nos raves sont bien prêtes à récolter!

Réponses courtes

1. Qu'est-ce que l'ours voit?

2. Où sont les raves?

ISBN: 978-1-927042-80-9

Le renard creuse la terre et trouve les raves. Elles sont grandes et violettes.

Ahah! Les voilà! Les raves sont à moi maintenant.

Chantons ensemble encore!
Let's sing together again!

Prononciation
Pronunciation

Le son nasal [n]

ensemble   **en**core
together   again

ISBN: 978-1-927042-80-9

Le renard arrache les feuilles des raves et fait un tas de feuilles. Il dit à l'ours qu'il prend les raves pour lui-même.

Tu peux avoir les feuilles. Elles sont sous terre.

Réponses courtes

1. Qu'est-ce que le renard fait?

2. Est-ce que l'ours va avoir sa part de la récolte de raves?

ISBN: 978-1-927042-80-9

Quoi? Je ne vais pas avoir **ma part** de la récolte de raves? Je **pense que** je **commence à** comprendre...

Nouvelles expressions
New Expressions

ma part : my share

penser que : to think that

commencer à : to begin to

Je pense que le reste est ma part.
I think that the rest is my share.

ISBN: 978-1-927042-80-9

L'ours est fâché parce que le renard l'a **dupé** encore une fois. Il **décide** de ne plus être l'ami du renard.

Réponses courtes

1. Est-ce que l'ours revoit le renard?

2. Qu'est-ce que l'ours décide?

ISBN: 978-1-927042-80-9

L'ours part et ne revoit jamais le renard. Il décide d'**oublier** le renard complètement.

Les amis ne se dupent pas.

Je décide de l'oublier.
I decide to forget it.

Je suis désolé que je vous dupe toujours.
I'm sorry I always trick you.

Nouveaux verbes
New Verbs

duper : to dupe, to trick

décider : to decide

oublier : to forget

ISBN: 978-1-927042-80-9

Est-ce que tu te rappelles?

Remplis les espaces pour compléter les phrases. Ensuite mets les événements en ordre.

Fill in the blanks to complete the sentences. Then put the events in order.

fâché	récolte	décide	dupe	graines de seigle

A. L'ours _____ de ne plus être l'ami du renard.

B. Le renard _____ l'ours et prend les graines de seigle.

C. Ils disent qu'ils vont partager la _____ .

D. L'ours est _____ avec

le renard.

E. Les deux amis décident de

planter des _____ .

Ordre d'événements

Mots cachés

Regarde les mots dans l'image. Trouve et encercle les mots dans les mots cachés.
Look at the words in the picture. Find and circle them in the word search.

a	p	a	r	t	a	g	e	r	e	b	m	d	l
w	h	q	g	r	a	i	n	e	s	o	y	u	n
k	o	r	k	r	b	w	e	a	k	w	a	p	a
r	f	e	u	i	l	l	e	s	t	n	b	e	v
é	t	n	s	i	e	p	o	u	s	s	e	r	z
c	x	a	y	i	g	v	u	c	é	x	a	v	b
o	a	r	é	s	l	s	r	j	b	l	j		
l	f	d	o	x	a	y	s	v	o	d			
t	a	r	y	e	a	g	d	s	k				
e	u	g	b	i									
r	a	v	e	s									
t	v	d	v	p									
o	a	c	é	s									
l	f	h	d										
t	a	a	g										
e	u	m	o										
r	a	p	v										

duper, renard, pousser, ours, feuilles, récolte, graines, champ, partager, raves

Conjuguons ensemble

Complète les conjugaisons. Ensuite remplis les espaces avec la bonne conjugaison en utilisant « penser » ou « prendre ».

Complete the conjugations. Then fill in the blanks with the correct conjugation using "to think" or "to take".

Penser			**Prendre**	
to think			to take	

e
es
ons
ez
ent

s
ons
ez
ent

Penser		Prendre	
je	pens__	je	prend__
tu	pens___	tu	prend__
il	pens__	il	prend
elle	pens__	elle	prend
nous	pens____	nous	pren____
vous	pens___	vous	pren___
ils	pens____	ils	pren**n**____
elles	pens____	elles	pren**n**____

Remember	
nous we	☺ I + ☺ ☺
vous you (pl.)	☺ you + ☺ ☺
ils they (m.)	👒 👒 🧑
elles they (f.)	🧑 🧑 🧑

1. _____
   I take

2. _____
   we think

3. _____
   they think
   (all boys)

4. _____
   you think
   (you and Abby)

5. _____
   they take
   (Sarah and Suzy)

6. _____
   he takes

ISBN: 978-1-927042-80-9

Conjuguons ensemble

Remplis les espaces à l'aide du tableau sur la page de gauche.

Fill in the blanks with the help of the table on the left page.

1. L'ours demande : « Tu _____ les raves? Pourquoi? »

2. L'ours et le renard _____ que la récolte est prête.

3. Le renard _____ les raves pour lui-même.

4. Il _____ que c'est une bonne idée!

5. L'ours _____ qu'il a appris sa leçon!

6. Le renard dit : « Je _____ ce qui est au-dessus de la terre. »

7

Vous _____ ces raves!

Résumé de l'histoire

Fais un résumé de l'histoire « L'ours et le renard » à l'aide des phrases et des mots donnés.

Summarize the story "The Bear and the Fox" with the help of the given sentences and words.

prendre

duper

au-dessus

la récolte

les raves

sous terre

L'ours et le renard sont deux amis qui décident de travailler ensemble. Mais il y a un problème parce que le renard n'est pas

juste et _____

_____

_____

_____

_____

ISBN: 978-1-927042-80-9

Le buffle prudent

Personnages

un lièvre

un buffle

Il était une fois deux **coureurs** très **rapides**, un buffle et un lièvre. Le buffle était grand et brun avec deux cornes **immenses** sur la tête. Le lièvre était petit avec de longues oreilles.

Réponses courtes

1. Qui sont les deux coureurs rapides?

2. Qu'est-ce que le lièvre dit au buffle?

ISBN: 978-1-927042-80-9

« Je suis beaucoup plus fort et rapide que toi », dit le buffle.

Non, ce n'est pas vrai! Je peux courir plus vite que toi!

Les deux amis ont toujours la même **dispute** au sujet de qui est le plus rapide.

C'est une citrouille immense!
This is a huge pumpkin!

Nouveaux mots
New Words

un coureur : runner

rapide : fast   *immense : huge*

une dispute : argument

Les autres animaux sont tristes parce qu'ils n'aiment pas voir le buffle et le lièvre se disputer. Ils **en ont assez d**'entendre et de voir les deux amis se disputer.

Quand est-ce qu'ils vont arrêter de se disputer? Je n'en peux plus!

Réponses courtes

1. Pourquoi est-ce que les autres animaux sont tristes?

2. Comment est-ce qu'ils vont découvrir qui court le plus vite?

Complete FrenchSmart • Grade 5

ISBN: 978-1-927042-80-9

Le lièvre a une excellente idée. Pour découvrir qui est l'animal le plus rapide, le lièvre suggère qu'ils font la course. Le buffle est d'accord avec l'idée du lièvre. Ils décident de faire la course jusqu'au grand arbre.

Faisons la course pour voir qui est vraiment le plus rapide!

Nouvelles expressions
New Expressions

Nous en avons assez d'attendre.
We are tired of waiting.

en avoir assez de : to be tired of

n'en pouvoir plus : to not be able to take it anymore

faire la course : to race

ISBN: 978-1-927042-80-9

La course commence! Le **lièvre** est rapide et il court rapidement! Il pense qu'il va gagner.

Youpi! Je vais gagner!

Réponses courtes

1. Pourquoi est-ce que le lièvre pense qu'il va gagner?

2. Est-ce que le buffle commence la course rapidement ou lentement?

ISBN: 978-1-927042-80-9

Le buffle commence la course très lentement, plus lentement que le lièvre.

Il **frappe** le sol de son sabot et commence à **trotter**.

Je vais le rattraper!

Tu me frappes toujours!
You always hit me!

Prononciation
Pronunciation

Le son [r]

liè**v**re	**fr**apper	**tr**otter
hare	to hit	to trot

ISBN: 978-1-927042-80-9

Le buffle commence à **courir** de plus en plus rapidement. Le buffle a une grande force et il fait **voler** de la boue et de la terre partout! Les animaux ont peur.

Réponses courtes

1. Pourquoi est-ce que la boue et la terre volent partout?

2. Comment sais-tu que le buffle est lourd?

ISBN: 978-1-927042-80-9

Le buffle est très lourd et il fait trembler la terre quand il court. Bientôt, il **dépasse** le lièvre. Le lièvre est très surpris que le buffle le dépasse. Il ne peut pas le **croire**!

Regarde-moi, Teddy! Je vole!
Look at me, Teddy! I'm flying!

Nouveaux verbes
New Verbs

courir : to run

voler : to fly   *dépasser : to pass*

croire : to believe

ISBN: 978-1-927042-80-9

Le lièvre ne peut plus respirer. Il est fatigué et il sait que le buffle peut courir plus rapidement que lui. Il a besoin de penser à un plan.

M. Buffle! Arrête de courir! Tu es trop lourd. Tu vas créer une **fissure** dans la terre et tomber dedans si tu ne t'arrêtes pas!

Réponses courtes

1. Qu'est-ce que le lièvre sait?

2. Qu'est-ce que le lièvre dit au buffle?

ISBN: 978-1-927042-80-9

Oh non…Ce n'est pas bien! Qu'est-ce que je vais faire?

Ce n'est pas une bonne idée!
It's not a good idea!

Nouveaux mots
New Words

Faisons la course!
Let's race!

la fissure : crack, hole

l'idée p.137 : *idea*

la course p.137 : *race*   *le sol* p.139 : *ground*

ISBN: 978-1-927042-80-9

Aïe!

Le buffle devient très nerveux. Il a peur de tomber dans la fissure dans la terre. Il commence à marcher **lentement** et **doucement**.

Réponses courtes

1. Pourquoi est-ce que le buffle commence à marcher lentement et doucement?

2. Qui gagne la course?

ISBN: 978-1-927042-80-9

Le lièvre dépasse le buffle et gagne la course. Le buffle n'est pas trop fâché de perdre la course. Il pense que c'est mieux d'être prudent.

Perdre ne me dérange pas. Il est mieux d'être prudent!

Il est mieux de le faire lentement et doucement.
It's better to do it slowly and gently.

Nouvelles expressions
New Expressions

lentement : slowly

doucement : gently

il est mieux (de) : it's better (to)

ISBN: 978-1-927042-80-9

Est-ce que tu te rappelles?

Remplis les espaces pour compléter les phrases. Ensuite mets les événements en ordre.
Fill in the blanks to complete the sentences. Then put the events in order.

lièvre	prudent
lentement	course
tomber	buffle

A. Le _____ gagne la course.

B. Le lièvre et le buffle font la _____ .

C. Pendant la course, le _____ dépasse le lièvre.

D. Il décide qu'il est mieux d'être _____ .

E. Le buffle commence la course très _____ .

F. Le buffle a peur de _____ dans la fissure dans la terre.

Ordre d'événements

ISBN: 978-1-927042-80-9

Lettres brouillées

Crée des mots des lettres brouillées. Ensuite remplis les espaces pour compléter les phrases.

Unscramble the letters. Then fill in the blanks to complete the sentences.

_____	_____
erroucu	etndrene
_____	_____
êtrraer	dentpru

_____
passdée

_____
putdisten

1. Bientôt, le buffle _____ le lièvre.

2. Les animaux sont tristes qu'ils se _____ .

3. Le plus rapide _____ est le buffle.

4. Il est mieux d'être _____ .

5. Les animaux pensent qu'ils doivent _____ .

6. Ils en ont assez d'_____ les deux amis se disputer.

Conjuguons ensemble

Complète les conjugaisons. Ensuite remplis les espaces avec la bonne conjugaison en utilisant « gagner » ou « savoir ».

Complete the conjugations. Then fill in the blanks with the correct conjugation using "to win" or "to know".

Gagner
to win

je	gagn__
tu	gagn___
il	gagn__
elle	gagn__
nous	gagn____
vous	gagn___
ils	gagn_____
elles	gagn_____

e
es
ons
ez
ent

s
t
ons
ez
ent

Savoir
to know

je	sai__
tu	sai__
il	sai__
elle	sai__
nous	sav____
vous	sav___
ils	sav_____
elles	sav_____

1. _____
you win

2. _____
they know
(Molly and Ivy)

3. _____
we win

4. _____
he wins

5. _____
she knows

6. _____
you know
(you, Ali, and Kelly)

7. _____
they win
(the girls' team)

8. _____
I win

ISBN: 978-1-927042-80-9

Conjuguons ensemble

Remplis les espaces à l'aide du tableau sur la page de gauche.

Fill in the blanks with the help of the table on the left page.

1. Même si le buffle ne _____ pas il est content.

2. Il _____ que le buffle peut courir rapidement que lui.

3. Le buffle dit : « Je _____ que c'est mieux d'être prudent. »

4. Les animaux demandent : « Est-ce que vous _____ qui est l'animal le plus rapide? »

5. Le lièvre dit au buffle : « Tu ne _____ pas. C'est moi! »

6. Il _____ qu'il a besoin de penser à un plan.

7. Nous _____ !

Résumé de l'histoire

Fais un résumé de l'histoire « Le buffle prudent » à l'aide des phrases et des mots donnés.

Summarize the story "The Careful Buffalo" with the help of the given sentences and words.

Le buffle prudent

courir

gagner

lentement

tomber

prudent

Le buffle et le lièvre ont l'idée de faire la course pour décider qui est

le plus rapide. La course commence et le lièvre court rapidement

mais _____

_____

_____

_____

_____

ISBN: 978-1-927042-80-9

Le chacal rusé

Personnages

un jeune
homme

un serpent
femelle

un chacal

Un jour ensoleillé, un jeune homme marche sur la route. Tout d'un coup il voit quelque chose sous un **rocher**.

Le jeune homme ne peut pas continuer sur son **chemin** sans regarder parce qu'il est très curieux.

Réponses courtes

1. Qu'est-ce que le jeune homme fait?

2. Qu'est-ce qu'il y a sous le rocher?

ISBN: 978-1-927042-80-9

Oh, mais quelle surprise! C'est un serpent femelle!

Alors, il s'approche pour voir ce qu'il y a sous le rocher.

Il voit un grand serpent femelle de couleur verte avec des **taches** jaunes et noires.

Tu as des taches colorées!
You have colourful spots!

Nouveaux mots
New Words

un rocher : rock

un chemin : path

une tache : spot

ISBN: 978-1-927042-80-9

3

Le serpent femelle crie et crie. Ça fait
longtemps qu'elle est coincée sous le rocher.
« S'il vous plaît, aidez-moi! Ce rocher est tombé
sur moi et maintenant je ne peux pas bouger »,
crie le serpent femelle.

Réponses courtes

1. Est-ce que le serpent femelle peut bouger?

2. Comment est-ce que le jeune homme aide le serpent femelle?

ISBN: 978-1-927042-80-9

Le serpent femelle est très contente que le jeune homme va l'aider. Elle regarde les efforts du jeune homme avec satisfaction. Il enlève le rocher et libère le serpent femelle.

Comme c'est horrible! Laisse-moi faire, je vais t'aider!

Nouvelles expressions
New Expressions

C'est horrible!
This is terrible!

C'est horrible! : *This is terrible!*

tout d'un coup p.152 : *suddenly*

Quelle surprise! p.153 : *What a surprise!*

ISBN: 978-1-927042-80-9

Mais quand le serpent femelle devient libre, elle saute et essaye de **mordre** le jeune homme. Le pauvre jeune homme est très surpris et fâché. Il saute pour **se sauver**.

Réponses courtes

1. Qu'est-ce que le serpent femelle fait?

2. Comment se sent le jeune homme?

ISBN: 978-1-927042-80-9

Pourquoi est-ce que tu essayes de me mordre quand je t'ai sauvé la vie? Tu ne devrais pas essayer de me mordre! Tu ne devrais pas essayer de me **blesser**!

Ne me mords pas, Teddy!
Don't bite me, Teddy!

Nouveaux verbes
New Verbs

mordre : to bite

(se) sauver : to save (oneself)

blesser : to hurt

Le jeune homme et le serpent femelle décident d'aller **voir** le chacal. Le chacal est célèbre parce qu'il est très, très rusé.

Est-ce que c'est juste qu'elle me mord quand je lui ai sauvé la vie?

Réponses courtes

1. Pourquoi est-ce que le chacal est célèbre?

2. Où est-ce que le chacal veut aller et pourquoi?

ISBN: 978-1-927042-80-9

Le jeune homme et le serpent femelle **racontent** leur histoire au chacal. Le chacal **écoute** attentivement et donne sa réponse lentement.

Hmmm...bon, **amenez-moi** au rocher. Je veux **voir** l'endroit moi-même.

Nouveaux verbes
New Verbs

voir : *to see*

raconter : *to tell (a story)*

écouter : *to listen* amener : *to bring*

Je raconte l'histoire et tu écoutes!
I tell the story and you listen!

ISBN: 978-1-927042-80-9

Ils arrivent à l'endroit avec le rocher. Le chacal regarde le rocher et il réfléchit.

Réponses courtes

1. Qu'est-ce que le jeune homme et le chacal font?

2. Est-ce que la réaction du serpent femelle est bonne ou mauvaise?

ISBN: 978-1-927042-80-9

« **Montre-moi** où tu te trouvais quand le jeune homme est arrivé », demande le chacal au serpent femelle. Le jeune homme et le chacal mettent le rocher sur le serpent femelle. Le serpent femelle est surprise et fâchée.

Mettons le rocher sur elle, **comme avant**!

Je veux voir ta photo. **Montre-moi**!
I want to see your picture. Show me!

Nouvelles expressions
New Expressions

Montre-moi! : Show me!
comme avant : like before

ISBN: 978-1-927042-80-9

Encore une **fois**, le jeune homme veut aider le serpent femelle. Il est triste pour elle. Le chacal lui dit de ne pas le faire parce que le serpent femelle va le mordre encore.

Mais non! Elle va essayer de te mordre encore!

Réponses courtes

1. Où se trouve le serpent femelle maintenant?

2. Qu'est-ce que le jeune homme veut faire encore?

ISBN: 978-1-927042-80-9

Est-ce que tu as appris une leçon aujourd'hui?

Eh, oui, j'ai appris de ne jamais faire la même erreur deux fois.

J'adore cet endroit. **Je viens ici souvent.**
I love this place. I come here often.

Prononciation
Pronunciation

Le son [wa]

fois **voir** _p.153_ **endroit** _p.159_

time to see place

Est-ce que tu te rappelles?

Remplis les espaces avec les mots donnés. Ensuite mets les événements en ordre.

Fill in the blanks with the given words. Then put the events in order.

sauve

même

jeune homme

chacal

serpent femelle

Le chacal rusé

A. Le jeune homme et le

_____ décident

d'aller voir le chacal.

B. Le jeune homme _____ la vie de

serpent femelle.

C. Le jeune homme et le _____ laissent

le serpent femelle sous le rocher.

D. Le serpent femelle essaye de mordre le

_____ .

E. Le jeune homme a appris son erreur et ne va

pas faire la _____ erreur.

Ordre d'événements

Imagine un dialogue

Écris les dialogues entre les personnages.
Write the dialogues between the characters.

Exemples :

Ce n'est pas juste!

C'est horrible!

ISBN: 978-1-927042-80-9

Conjuguons ensemble

Complète les conjugaisons. Ensuite remplis les espaces avec la bonne conjugaison en utilisant « bouger » ou « mettre ».

Complete the conjugations. Then fill in the blanks with the correct conjugation using "to move" or "to put".

Bouger
to move

je	boug__
tu	boug___
il	boug__
elle	boug__
nous	boug**e**____
vous	boug___
ils	boug____
elles	boug____

e
es
ons
ez
ent

s
ons
ez
ent

Mettre
to put

je	met__
tu	met__
il	met
elle	met
nous	mett____
vous	mett___
ils	mett____
elles	mett____

Mettons le rocher sur elle!

1. _____
   you move
   (you and Melanie)

2. _____
   we put

3. _____
   they move
   (Kami, Maci, and Mia)

4. _____
   they put
   (Karla, Dan, and Chris)

5. _____
   you move

6. _____
   he puts

ISBN: 978-1-927042-80-9

Conjuguons ensemble

Remplis les espaces à l'aide du tableau sur la page de gauche.
Fill in the blanks with the help of the table on the left page.

1.   Le serpent femelle est coincée et ne _____ pas.

2.   Le jeune homme et le chacal _____ le rocher sur le serpent femelle.

3.   « Pourquoi est-ce que vous _____ le rocher sur moi? » demande le serpent femelle.

4.   « Parce que nous ne voulons pas que tu _____ », répond le chacal.

5.   « Si nous _____ le rocher, est-ce que tu vas nous mordre? » demande le jeune homme.

6   Nous _____ le rocher sur elle pour lui apprendre une leçon.

Résumé de l'histoire

Fais un résumé de l'histoire « Le chacal rusé » à l'aide des phrases et des mots donnés.
Summarize the story "The Wise Jackal" with the help of the given sentences and words.

Le chacal rusé

le chacal   sauver   mordre
le rocher   une erreur

Quand un jeune homme voit un serpent femelle sous un rocher, il

s'arrête et va l'aider. Mais quand elle devient libre, elle saute et

_____

_____

_____

_____

_____

_____

_____

Soyez sage, jeune homme!

Histoire 4

La citrouille

Personnages

un roi

une jeune fille

un servant

ISBN: 978-1-927042-80-9

Il y a longtemps, il y avait un roi qui se perdait toujours. Un jour, quand il est à la **chasse**, il perd son chemin.

Où sommes-nous?

Réponses courtes

1. Quand est-ce que le roi perd son chemin?

2. Qu'est-ce que la jeune fille fait?

ISBN: 978-1-927042-80-9

Tout d'un coup, il passe un **carré de citrouilles** et il voit une jeune fille qui travaille là. Il décide de parler à la jeune fille.

Ouah! Elle est très **belle!**

Nous sommes dans un carré de citrouilles.
We are in a pumpkin patch.

Nouveaux mots
New Words

la chasse : hunting

le carré de citrouilles : pumpkin patch

belle : beautiful

ISBN: 978-1-927042-80-9

Le roi **a soif** et il voit que la jeune fille a une cruche d'eau. Il demande à la jeune fille de lui donner de l'eau de sa cruche.

Ma vieille cruche d'eau n'est pas **assez bonne** pour vous, mon roi.

Réponses courtes

1. Qu'est-ce que le roi demande à la jeune fille?

2. Est-ce que la jeune fille pense que sa cruche d'eau n'est pas assez bonne pour le roi?

ISBN: 978-1-927042-80-9

Mais le roi pense que la cruche d'eau est parfaite. Donc la jeune fille lui donne la cruche d'eau. Le roi boit l'eau et se trouve bien satisfait.

J'aime ce chapeau. C'est assez bon pour moi.
I like this hat. It is good enough for me.

Nouvelles expressions
New Expressions

avoir soif : to be thirsty

être assez bon(ne) : to be good enough

il y a longtemps p.170 *: long ago*

 ISBN: 978-1-927042-80-9

Quand le roi finit de **boire** de l'eau, la jeune fille décide de **casser** la cruche en morceaux et la jette par terre. Le roi est bien content.

Personne ne va boire de cette cruche après le roi.

Servant, trouve la fille et dis-lui de mettre une citrouille dans la cruche.

Réponses courtes

1. Pourquoi est-ce que la jeune fille décide de casser la cruche en morceaux?

2. Qu'est-ce que le servant fait pour le roi?

ISBN: 978-1-927042-80-9

Le servant trouve la jeune fille et lui donne la cruche. Il lui dit ce que le roi veut.

Je vais faire la volonté du roi.

Oh non! Nous avons cassé une autre fenêtre.
Oh no! We broke another window.

Nouveaux verbes
New Verbs

boire : to drink

casser : to break

se perdre ^{p.170} *: to get lost*

ISBN: 978-1-927042-80-9

Des mois plus tard, la jeune fille va voir le roi pour lui montrer sa cruche avec une grande citrouille à l'intérieur. Elle montre au roi comment elle a fait. Le roi **est impressionné par** son intelligence.

Ouaaah! Tu l'as fait! Je suis bien impressionné!

Réponses courtes

1. Qu'est-ce que la jeune fille va montrer au roi?

2. Qu'est-ce que le roi demande à la jeune fille?

ISBN: 978-1-927042-80-9

« Tu es aussi belle que tu es intelligente », le roi dit à la jeune fille. « Est-ce que tu veux m'épouser? » demande-t-il.

Oui, je veux t'épouser!

Je suis impressionnée par son habilité.
I am impressed by his skill.

Nouvelles expressions
New Expressions

des mois plus tard : *months later*

être impressionné par : *to be impressed by*

sa volonté p.175 : *his/her will*

ISBN: 978-1-927042-80-9

Le roi demande à sa nouvelle épouse comment elle a fait pour mettre la citrouille dans la cruche.

Réponses courtes

1. Qu'est-ce que le roi veut savoir?

2. Où est-ce que la jeune fille a mis la fleur de la citrouille?

ISBN: 978-1-927042-80-9

« J'ai pris la fleur de la citrouille et je l'ai mise dans la cruche », elle explique.

Je suis curieux. Je veux voir à l'intérieur de la boîte!
I am curious. I want to see inside the box!

Prononciation
Pronunciation

Le son [euh]

curieux   **veux** p.177   **intérieur** p.176

curious   want   inside

ISBN: 978-1-927042-80-9

« J'ai arrosé la fleur chaque jour et la plante a poussé et elle est devenue une citrouille. Bientôt, elle est devenue aussi grande que la cruche », elle dit.

Réponses courtes

1. Qu'est-ce que la jeune fille arrose chaque jour?

2. Comment est-ce que le roi décrit la jeune fille?

ISBN: 978-1-927042-80-9

L'histoire que la jeune fille raconte fait **sourire** le roi. « Comme tu es une épouse belle et intelligente! Nous allons **vivre** heureux ensemble pour le reste de notre vie! » il dit.

Nouveaux verbes
New Verbs

Souris pour moi!
Smile for me!

arroser : to water

sourire : to smile

vivre : to live

ISBN: 978-1-927042-80-9

Mots croisés

Complète les mots croisés.
Complete the crossword puzzle.

E to live

F to drink

ISBN: 978-1-927042-80-9

Est-ce que tu te rappelles?

Remplis les espaces avec les mots dans les mots croisés. Ensuite mets les événements en ordre.

Fill in the blanks with the words in the crossword puzzle. Then put the events in order.

A. Le roi dit à _____ qu'elle est belle et intelligent.

B. Le roi et la jeune fille vont _____ heureux ensemble.

C. La jeune fille cultive _____ à l'intérieur d'une cruche.

D. Le roi passe _____ de citrouilles et voit une jeune fille.

E. Le roi a soif et la jeune fille lui donne de l'eau à _____ .

F. _____ épouse la jeune fille.

Ordre d'événements

Conjuguons ensemble

Complète les conjugaisons. Ensuite remplis les espaces avec la bonne conjugaison en utilisant « montrer » ou « voir ».

Complete the conjugations. Then fill in the blanks with the correct conjugation using "to show" or "to see".

Montrer				Voir	
to show				to see	
		e	s		
		es	t		
		ons	ons		
		ez	ez		
		ent	ent		
je	montr__			je	voi__
tu	montr___			tu	voi__
il	montr__			il	voi__
elle	montr__			elle	voi__
nous	montr____			nous	voy____
vous	montr___			vous	voy___
ils	montr____			ils	voi____
elles	montr____			elles	voi____

1. _____
   they show
   (Cassie and Grace)

2. _____
   we see

3. _____
   you see
   (you and Jericho)

4. _____
   I show

5. _____
   she sees

6. _____
   they show
   (Adam, Tucker, and
   Sam)

7. _____
   they see

ISBN: 978-1-927042-80-9

Conjuguons ensemble

Remplis les espaces à l'aide du tableau sur la page de gauche.

Fill in the blanks with the help of the table on the left page.

1. Le roi _____ une jeune fille dans un carré de citrouilles.

2. La jeune fille lui _____ comment elle a mis la citrouille dans la cruche.

3. Le roi a soif, il dit à la jeune fille : « Je _____ que tu as une cruche d'eau. »

4. Est-ce que vous _____ comment la jeune fille a fait?

5. Oui, à la fin nous _____ parce qu'elle nous explique comment!

6. Est-ce que le roi et la jeune fille _____ qu'ils sont heureux?

Résumé de l'histoire

Fais un résumé de l'histoire « La citrouille » à l'aide de la phrase et des mots donnés.
Summarize the story "The Pumpkin" with the help of the given sentence and words.

La citrouille

épouser   à l'intérieure
boire   intelligente
une cruche

Quand un roi, qui

est perdu, voit une jeune fille qui travaille dans un carré de citrouilles,

il _____

_____

_____

_____

_____

 ISBN: 978-1-927042-80-9

Histoire 5

Le pique-nique

Personnages

Papa et Maman

Daniel

Geneviève

C'est l'été et Daniel et Geneviève veulent faire un pique-nique. Ils cherchent dans le frigo et choisissent des **goûters** délicieux à apporter avec eux.

Geneviève choisit d'apporter du lait.

Réponses courtes

1. Qu'est-ce que Daniel et Geneviève veulent faire?

2. Quelle boisson est-ce que Geneviève choisit d'apporter?

Complete FrenchSmart • Grade 5

ISBN: 978-1-927042-80-9

Daniel prend son **appareil photo** avec lui. Il veut prendre beaucoup de photos parce qu'il aime bien la photographie.

N'oubliez pas d'apporter des **boissons** saines avec vous!

Souriez!

Tom, où est l'appareil photo?
Tom, where is the camera?

Nouveaux mots
New Words

un goûter : snack
un appareil photo : camera
une boisson : drink

ISBN: 978-1-927042-80-9

Au parc, Papa s'assoit sur la pelouse mais la pelouse est humide et Papa fait une grimace. Tout le monde **rit**!

Pouah!

Prends une photo de Papa, Daniel!

Réponses courtes

1. Pourquoi est-ce que tout le monde rit?

2. Que font les abeilles?

ISBN: 978-1-927042-80-9

Des abeilles **bourdonnent** au-dessus du sandwich de Geneviève.

Puis, les abeilles chassent Daniel et Geneviève qui courent pour s'échapper. Ils n'aiment pas les abeilles!

Teddy, je bourdonne autour de toi. Je ris de toi!
Teddy, I am buzzing around you. I am laughing at you!

Nouveaux verbes
New Verbs

rire : to laugh
bourdonner : to buzz
choisir p.188 *: to choose*

ISBN: 978-1-927042-80-9

Comme les abeilles sont ennuyeuses! Finalement les abeilles partent et Maman verse un verre de lait pour Geneviève. **Ce n'est pas possible**, une mouche vole dans son verre! Papa prend une photo de Geneviève qui est dégoûtée.

Réponses courtes

1.   **Pourquoi est-ce que Geneviève est dégoûtée?**

2.   **Combien de photos est-ce que Papa prend?**

ISBN: 978-1-927042-80-9

Daniel sent quelque chose monter sur sa jambe. **Une armée de** fourmis avance vers son genou!

Ah, voilà!

Ce n'est pas possible!
It's not possible!

Papa prend une autre photo. Papa aime bien prendre des photos de la famille et il prend beaucoup de photos.

Nouvelles expressions
New Expressions

Ce n'est pas possible. : It's not possible.

une armée de : an army of

faire une grimace p.190 *: make a face*

ISBN: 978-1-927042-80-9

Une forte **brise** chasse les **assiettes en carton**. Les enfants courent après les assiettes en carton et pauvre Geneviève tombe sur le gâteau.

Attrape les assiettes en carton!

Papa prend une autre photo.

Réponses courtes

1. Qui chasse les assiettes en carton?

2. Pourquoi est-ce que maman panique?

ISBN: 978-1-927042-80-9

Maman donne à manger aux **canards**. Elle panique quand tout un troupeau de canards vient vers elle. Elle commence à courir et les canards la chassent.

Coin-coin!
Coin-coin!

Voici une assiette en carton.
Here is a paper plate.

Nouveaux mots
New Words

une brise : breeze
une assiette en carton : paper plate
un canard : duck

ISBN: 978-1-927042-80-9

Un grand nuage noir couvre le soleil. Il fait froid et ils n'ont pas de manteaux. Ils ont tous peur qu'il va pleuvoir. Ils veulent rentrer à la maison.

Est-ce qu'on peut retourner à la maison maintenant?

Réponses courtes

1. Pourquoi est-ce que la famille a froid?

2. Pourquoi est-ce qu'ils décident de courir à la voiture?

ISBN: 978-1-927042-80-9

Courez les enfants!

Bientôt, il commence à pleuvoir. Toute la famille **décide** de courir à la voiture. Ils sont tous trempés!

Cette boisson est délicieuse.
This drink is delicious.

Prononciation
Pronunciation

Le son [s]

décide   **c'est** p.188   **boisson** p.189
decide   it is   drink

ISBN: 978-1-927042-80-9

Ahh...finalement les voilà **de retour à** la maison. Ils sont bien au chaud maintenant. Ils boivent tous du chocolat chaud et ils se rappellent leur journée.

Réponses courtes

1. Que fait la famille quand ils retournent à la maison?

2. Est-ce que la famille va oublier ce pique-nique?

    ISBN: 978-1-927042-80-9

Ils regardent les photos de Papa sur l'ordinateur et ils rient ensemble.

Nous n'allons jamais oublier ce pique-nique!

Je suis de retour au Canada!
I am back in Canada!

Nouvelles expressions
New Expressions

de retour à : back (in/at)

faire froid p.196 *: to be cold (weather)*

être trempé(e) p.197 *: to be soaked*

Est-ce que tu te rappelles?

Remplis les espaces pour compléter les phrases. Ensuite mets les événements en ordre.

Fill in the blanks to complete the sentences. Then put the events in order.

A. Papa s'assoit sur la _____ mais elle est humide.

B. _____ et sa famille préparent un pique-nique.

C. C'est un pique-nique que la famille ne va jamais _____ .

D. Quand il commence à _____ , toute la famille rentre à la maison.

E. Daniel et Geneviève choisissent des _____ délicieux à apporter avec eux.

Ordre d'événements

ISBN: 978-1-927042-80-9

À l'écrit

Résous les devinettes. Ensuite dessine des images et écris les réponses.

Solve the riddles. Then draw the pictures and write the answers.

Devinettes ???

1. Geneviève choisit cette boisson.

2. Ces insectes montent sur le genou de Daniel.

3. Maman donne à manger à ces animaux.

4. Papa prend beaucoup de ces choses.

5. Ces insectes bourdonnent et sont très ennuyeuses.

1. _____

4. _____

2. _____

3. _____

5. _____

Conjuguons ensemble

Complète les conjugaisons. Ensuite remplis les espaces avec la bonne conjugaison en utilisant « oublier » ou « choisir ».

Complete the conjugations. Then fill in the blanks with the correct conjugation using "to forget" or "to choose".

Oublier
to forget

e	is
es	it
ons	ons
ez	ez
ent	ent

j'   oubli__
tu   oubli___
il   oubli__
elle   oubli__
nous   oubli____
vous   oubli___
ils   oubli____
elles   oubli____

Choisir
to choose

je   chois___
tu   chois___
il   chois___
elle   chois___
nous   chois**iss**____
vous   chois**iss**___
ils   chois**iss**____
elles   chois**iss**____

1. _____
   you choose

2. _____
   Sam and I choose

3. _____
   you forget

4. _____
   Mr. Wilde chooses

5. _____
   Adam and Mia choose

6. _____
   the boys' team forgets

7. _____
   you and Kate choose

8. _____
   Mimi and I forget

9. _____
   Ms. Hall forgets

ISBN: 978-1-927042-80-9

Conjuguons ensemble

Remplis les espaces à l'aide du tableau sur la page de gauche.

Fill in the blanks with the help of the table on the left page.

1. Geneviève et son frère _____ les goûters pour le pique-nique.

2. Geneviève _____ d'apporter du lait.

3. Papa dit : « N'_____ pas d'apporter des boissons saines avec vous! »

4. La famille dit : « Nous n'_____ jamais ce pique-nique! »

5. Papa n'_____ pas de prendre des photos.

6 — Est-ce que vous _____ de lire cette histoire encore?

7 — Oui, nous le _____ ! Cette une bonne histoire!

Résumé de l'histoire

Fais un résumé de l'histoire « Le pique-nique » à l'aide de la phrase et des mots donnés.
Summarize the story "The Picnic" with the help of the given sentence and words.

Le pique-nique

C'est l'été et la famille de Daniel et Geneviève veut faire un

pique-nique au parc où _____

_____

_____

_____

ISBN: 978-1-927042-80-9

Amusez-vous avec les dialogues

Have Fun with Dialogues

1. Make your conjugation book.

    a. Cut out pages 209 to 212.

    b. Cut along the dotted lines to make six spread pages.

    c. Fold the spread pages and put them in order.

    d. Staple them.

2. Complete the dialogues on page 207 by filling in the correct verbs with the help of the conjugation book.

3. Cut out the dialogues and paste them in the boxes to see what the children and the animals are saying.

ISBN: 978-1-927042-80-9

Amusons-nous dehors!
Let's Have Fun Outside!

ISBN: 978-1-927042-80-9

L'oiseau _____ un
........................to wear
chapeau. Il _____
.....................to be
drôle.

Je _____ lire tous
.........to want
les livres aujourd'hui.

Nous _____ des
..............to plant
graines d'or. Ensuite nous
_____ riches!
....to become

Teddy et moi, nous
_____ que Maman
.....to know
_____ peur.
....to have

J'_____ faim.
....to have
Je _____ votre
.........to take
nourriture.

Mon oiseau _____
......................to escape
de sa cage!

Tu_____beaucoup.
.....to study

ISBN: 978-1-927042-80-9

Complete FrenchSmart • Grade 5

ISBN: 978-1-927042-80-9

Mon livre de **Conjugaison**

My Conjugation Book

se perdre
to get lost

je	me perds
tu	te perds
il	se perd
elle	se perd
nous	nous perdons
vous	vous perdez
ils	se perdent
elles	se perdent

21

avoir
to have

j'	ai
tu	as
il	a
elle	a
nous	avons
vous	avez
ils	ont
elles	ont

2

	prendre to take	**croire** to believe
je	prends	crois
tu	prends	crois
il	prend	croit
elle	prend	croit
nous	prenons	croyons
vous	prenez	croyez
ils	prennent	croient
elles	prennent	croient

19

J'oublie mes lunettes.

4

ISBN: 978-1-927042-80-9

	être to be	**faire** to do
je	suis	fais
tu	es	fais
il	est	fait
elle	est	fait
nous	sommes	faisons
vous	êtes	faites
ils	sont	font
elles	sont	font

1

Nous nous perdons!

Sortie

22

	oublier to forget	**étudier** to study
j'	oublie	étudie
tu	oublies	étudies
il	oublie	étudie
elle	oublie	étudie
nous	oublions	étudions
vous	oubliez	étudiez
ils	oublient	étudient
elles	oublient	étudient

3

savoir to know	**voir** to see
sais	vois
sais	vois
sait	voit
sait	voit
savons	voyons
savez	voyez
savent	voient
savent	voient

20

	penser to think	**montrer** to show
je	pense	montre
tu	penses	montres
il	pense	montre
elle	pense	montre
nous	pensons	montrons
vous	pensez	montrez
ils	pensent	montrent
elles	pensent	montrent

5

Tu bois mon jus!

18

Complete FrenchSmart • Grade 5

ISBN: 978-1-927042-80-9

	boire to drink	**rire** to laugh
je	bois	ris
tu	bois	ris
il	boit	rit
elle	boit	rit
nous	buvons	rions
vous	buvez	riez
ils	boivent	rient
elles	boivent	rient

17

	décider to decide	**demander** to ask
	décide	demande
	décides	demandes
	décide	demande
	décide	demande
	décidons	demandons
	décidez	demandez
	décident	demandent
	décident	demandent

6

	mettre to put	**vouloir** to want
je	mets	veux
tu	mets	veux
il	met	veut
elle	met	veut
nous	mettons	voulons
vous	mettez	voulez
ils	mettent	veulent
elles	mettent	veulent

15

Je trouve mes lunettes!

8

	devenir to become	**courir** to run
je	deviens	cours
tu	deviens	cours
il	devient	court
elle	devient	court
nous	devenons	courons
vous	devenez	courez
ils	deviennent	courent
elles	deviennent	courent

13

porter to wear	
porte	
portes	
porte	
porte	
portons	
portez	
portent	
portent	

Je porte mes chaussettes.

10

ISBN: 978-1-927042-80-9

	donner to give	**trouver** to find
je	donne	trouve
tu	donnes	trouves
il	donne	trouve
elle	donne	trouve
nous	donnons	trouvons
vous	donnez	trouvez
ils	donnent	trouvent
elles	donnent	trouvent

7

Nous vivons une vie passionnante.

	vivre to live
je	vis
tu	vis
il	vit
elle	vit
nous	vivons
vous	vivez
ils	vivent
elles	vivent

16

	s'échapper to escape
je	m'échappe
tu	t'échappes
il	s'échappe
elle	s'échappe
nous	nous échappons
vous	vous échappez
ils	s'échappent
elles	s'échappent

9

	réfléchir to reflect	**choisir** to choose
je	réfléchis	choisis
tu	réfléchis	cholsis
il	réfléchit	choisit
elle	réfléchit	choisit
nous	réfléchissons	choisissons
vous	réfléchissez	choisissez
ils	réfléchissent	choisissent
elles	réfléchissent	choisissent

14

	préférer to prefer	**regarder** to look at, to watch
je	préfère	regarde
tu	préfères	regardes
il	préfère	regarde
elle	préfère	regarde
nous	préférons	regardons
vous	préférez	regardez
ils	préfèrent	regardent
elles	préfèrent	regardent

11

	planter to plant
je	plante
tu	plantes
il	plante
elle	plante
nous	plantons
vous	plantez
ils	plantent
elles	plantent

Il plante un arbre.

12

ISBN: 978-1-927042-80-9

1 Les parties du corps
Body Parts

B. 1. la joue
2. le coude
3. les oreilles
4. le nez ; la bouche
5. les sourcils ; la main
6. les yeux
7. les lèvres
8. les genoux
9. les cheveux

C. (Dessin individuel)
A: les yeux   B: le nez
C: le menton   D: les cheveux
E: les sourcils   F: la main
G: la bouche   H: les oreilles

D. 1. l'orteil
2. la poitrine
3. le doigt

E. 1. mon visage   2. ta bouche
3. ses lèvres   4. son bras
5. ton oreille   6. mes genoux

F. 1. mes yeux.
2. Voilà ton coude.
3. Voilà ses lèvres.
4. Voilà ses joues.
5. Voilà ma main.
6. Voilà mes genoux.
7. Voilà sa tête.
8. Voilà ses oreilles.

2 Les activités quotidiennes
Daily Activities

B. D: regarder
E: dessiner
A: étudier
B: manger
C: parler

C. 1. vous   2. ils
3. nous   4. elles

D. 1. étudiez   2. aident
3. parle   4. regardes
5. pleurent   6. rêvons
7. écoute   8. pense

E. A: nage   B: pense
C: marchons   D: parlent
E: pleure   F: dansent
G: rêve   H: sommeille
I: écoute   J: mange

F. 1. danser
2. J'aime dessiner des tigres.
3. Sophie aime rêver la nuit.
4. Nous aimons parler.
5. Vous aimez étudier le français.
6. Ils aiment manger leurs légumes.

3 Les accessoires
Accessories

B. 1. collier
2. bague
3. sac
4. cravate
5. lunettes ; brosse à cheveux

C. F: les boutons
H: une écharpe
A: un chapeau
G: une brosse à cheveux
C: une cravate
B: un bracelet
E: un collier
D: une montre
("Une ceinture" and "un sac" are dummies.)

D. 1. des montres
2. des colliers
3. le bracelet
4. les accessoires
5. un sac
6. des chapeaux
7. des écharpes
8. une bague
9. les portefeuilles
10. une cravate
11. les ceintures
12. des chaussures

E. 1. des bagues ; porte une bague
2. portes une montre ; portent des montres
3. portez des chapeaux ; porte un chapeau
4. porte des chaussures ; portes des chaussures

F.

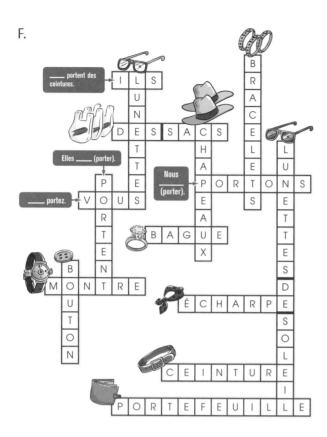

4 Les émotions
Feelings

B.

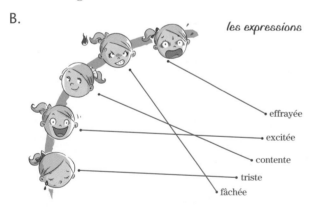

les expressions

effrayée
excitée
contente
triste
fâchée

C. (Réponses individuelles)

D. masculine : triste ; gentil ; ennuyé ; fâché ; fatigué ; drôle ; timide

feminine : gentille ; triste ; fâchée ; ennuyée ; drôle ; timide

E. 1. heureuse 2. ennuyé
  3. gentille 4. fâché
  5. contents 6. excitée
  7. effrayée

F. (Réponses individuelles)

5 Les fruits et les légumes
Fruits and Vegetables

B. (Réponses individuelles)

C. Les légumes : un brocoli ; des pommes de terre ; une carotte ; le maïs ; une tomate ; un poivron vert

Les fruits : un kiwi ; des bananes ; une orange ; une fraise ; un ananas ; un melon d'eau ; des raisins ; des bleuets ; une pomme

D. 1. un kiwi ; une pêche

  2. une fraise ; un champignon ; la laitue ; un concombre ; une framboise

  3. une carotte ; une pomme de terre

E. A: pommes de terre
 B: carottes
 C: oranges
 D: pomme
 E: tomates
 F: poivrons
 G: fraises

F. 1. C'est ; Ce sont

  2. C'est une banane. ; Ce sont des bananes.

  3. C'est un bleuet. ; Ce sont des bleuets.

  4. C'est un kiwi. ; Ce sont des kiwis.

  5. C'est une orange. ; Ce sont des oranges.

  6. C'est une tomate. ; Ce sont des tomates.

  7. C'est un champignon. ; Ce sont des champignons.

6 Les produits laitiers
Milk Products

B. 1. yogourt
 2. beurre
 3. fromage
 4. crème glacée
 5. lait
 6. crème fouettée

C. crème glacée
 fromage
 lait au chocolat
 yogourt
 Le mot mystère est lait.

D.

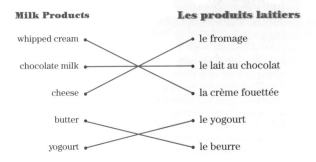

Milk Products	Les produits laitiers
whipped cream	le fromage
chocolate milk	le lait au chocolat
cheese	la crème fouettée
butter	le yogourt
yogourt	le beurre

E.
A: le lait
B: le beurre/le fromage
C: la crème glacée
D: la crème fouettée/le yogourt

F.
1. Tu manges du beurre.
2. Nous mangeons de la crème fouettée.
3. Je mange de la crème glacée.
4. Il mange du yogourt.

G.

```
c r è m e f o u e t t é e e u g
f h c h o c o l a t c h a u d
r c r è m e g l a c é e f k y
o t d v c j l s q r b x z é j
m l a i t a u c h o c o l a t
a t k i û é o k s e b v n m l
g e l a i t f o u e t t é l n
e p n m a u c v b e u r r e p
o r h u o j n y o g o u r t é
```

H.
1. Je bois du lait fouetté.
2. Je bois du lait au chocolat.
3. Je bois du chocolat chaud.
4. Je bois de la soupe.

7 Les viandes et les substituts
Meat and Alternatives

B. (Réponses individuelles)

C.
1. le bœuf
2. la crevette
3. l'amande
4. le houmous
5. l'œuf
6. l'arachide

D.
1. les viandes rouges
2. la volaille
3. les fruits de mer

E.
A: les amandes
B: les fèves
C: les haricots de Lima
D: la dinde
E: les fruits de mer
F: le beurre d'arachide
G: le bœuf
H: les arachides
I: le canard
J: l'agneau
K: les œufs

F.
1. Quel	2. Quelles
3. Quelle	4. Quelle
5. Quel	6. Quelles
7. Quelle	8. Quels
9. Quelles	10. Quelles

G.
1. Quel bœuf
2. Quel porc
3. Quelle arachide
4. Quelles amandes préférez-vous?
5. Quels fruits de mer préférez-vous?

8 Les céréales
Grains

B.
1. les grains/le riz/le blé
2. le pain
3. le maïs soufflé
4. les craquelins
5. les pâtes
6. les crêpes
7. A: les crêpes
   B: le gruau
   C: le maïs

C. (Réponses individuelles)
D. (Réponses individuelles)
E. Au déjeuner je mange des craquelins.
Au dîner je mange du pain.
Au souper je mange du riz.

F.
1. des	2. du
3. de l'	4. du
5. des	6. du
7. des	8. de la

G.
1. nagez ; You swim in the pool.
2. arrangeons ; We arrange our papers.
3. changent ; They change their shoes.

ISBN: 978-1-927042-80-9

4. manges ; You eat turkey.

5. partageons ; We share cookies.

6. mange ; She eats bread.

H. A: pain

B: Le garçon mange du maïs soufflé.

C: La fille mange des crêpes.

D: Le garçon mange du maïs.

E: L'oiseau mange des grains.

F: La souris mange des pâtes.

La révision 1
Revision 1

A. 1. C   2. B

3. C   4. C

5. A   6. B

7. B   8. C

9. C   10. A

11. C   12. B

13. C   14. C

15. A   16. C

B. A: les sourcils

B: son œil

C: les cheveux

D: une montre

E: la bague

F: un bracelet

G: le fromage

H: le riz

I: la laitue

J: le poulet

K: un ananas

L: l'orange

M: un raisin

N: une gaufre

O: la crème fouettée

P: les œufs

Q: les biscuits

C. Tu : E

J'aime : A

Il porte : C

J'écoute avec : H

Voilà ma : K

Alice est : D

Paul est : G

Julie et moi : B

Nous mangeons : I

Une pomme pousse : J

Le pluriel d' « un chapeau » est : F

D. 1. B   2. B

3. B   4. A

5. A   6. B

7. C   8. C

9 Les nombres : de 1 à 69
Numbers: 1 to 69

B. 0-39: vingt-cinq ; dix ; vingt-deux ; seize ; trente-quatre ; trente

40-49: quarante ; quarante-six

50-59: cinquante et un ; cinquante-neuf ; cinquante-huit

60-69: soixante-six

C. 1. quinze

2. quarante

3. cinq

4. cinquante-sept ; cinquante-huit

5. quarante et un

6. quarante-cinq ; cinquante-cinq

7. vingt et un ; vingt-quatre

D. 1. 9

2. 50

3. 47

4. 18

5. 53

6. 44

7. 36

8. 25

9. cinquante-cinq ; quarante-huit ; vingt-six ; cinquante-trois ; trente et un ; trente-neuf ; soixante-quatre

E. 1. Quarante

2. Huit

3. Cinq

F. 1. Vingt-trois est plus grand que treize.

2. Cinquante-deux est plus grand que vingt-cinq.

3. Seize est plus petit que soixante.

10 La quantité et les équations
Quantity and Equations

B. 1. l'addition
    2. le signe égal
    3. la somme
    4. les chiffres
    5. les nombres
    6. la soustraction
    7. plus

C. l'addition : A ; D ; E ; F
    la soustraction : B ; C

D. 1. trop
    2. peu
    3. plus ; petit
    4. très
    5. plus ; fatiguée
    6. beaucoup ; très

E. D ; A ; E ; C ; B

F. 1. $30 - 3 = 27$
    2. $12 + 6 = 18$
    3. $60 - 16 = 44$

G. A: cinq ; dix-huit ; $13 + 5 = 18$
    B: deux égalent quatre ; $6 - 2 = 4$
    C: Trente-quatre plus treize égalent quarante-sept. ; $34 + 13 = 47$
    D: Vingt-quatre moins cinq égalent quinze. ; $24 - 5 = 19$
    E: Soixante-quatre moins quatre égalent soixante. ; $64 - 4 = 60$

H. 1. font quatre et deux ; Quatre et deux font six.
    2. Combien font un et cinq? ; Un et cinq font six.
    3. Combien font deux et sept? ; Deux et sept font neuf.

11 Les métiers
Professions

B. A: une charpentière
    B: un réalisateur
    C: une factrice
    D: un artiste
    E: un boulanger
    F: un plombier
    G: une pompière
    H: une musicienne

C. un avocat ; une fermière ; une factrice ; un infirmier ; la dentiste ; le boulanger ; une musicienne ; un réalisateur

une avocate
un fermier
un facteur
une infirmière
le dentiste
la boulangère
un musicien
une réalisatrice

D. 1. tu
    2. vous
    3. vous
    4. tu
    5. vous
    6. tu

E. 1. son médecin
    2. sa sœur

F. 1. policier
    2. policière
    3. policière
    4. policiers
    5. policières
    6. policiers

12 En ville
In the City

B. 1. l'épicerie
    2. le cinéma
    3. la gendarmerie
    4. l'église
    5. l'aéroport
    6. l'hôpital
    7. la boulangerie
    8. le parc
    9. le musée

C. Transportation : l'épicerie ; l'hôtel
    Loisirs : l'autobus ; la banque
    Services Publics : la ville ; la banque

D. 1. la boulangerie
    2. le cinéma
    3. l'école

4. le dépanneur/le supermarché/l'épicerie
5. le magasin

E. 1. nouveau
2. petite
3. nouvel
4. mauvais
5. bonne
6. bel
7. vieille
8. vieil
9. jolie/belle ; petite

F. 1. belle ; Here is a beautiful city.
2. grand ; Here is the big truck.
3. jeune ; Here is a young boy.
4. jaune ; Here is a yellow taxi.

G. 1. la jeune fille
2. une banane jaune
3. un vieux cinéma
4. Une mauvaise chatte!
5. un vieil hôpital
6. une petite pomme

13 La nature
Nature

B.

C. 1. la forêt
2. une île
3. la forêt
4. la terre ; la nature
5. l'océan
6. le désert

D. 1. sable ; D
2. cactus ; B
3. chameau ; C
4. ciel ; A
5. eau ; E

E. 1.

2.

3.

4.

5.

ISBN: 978-1-927042-80-9

F. A: Les sapins ; la forêt
    B: La plante ; la nature/la terre
    C: Les palmiers se trouvent dans une île.
    D: Les hippocampes se trouvent dans l'océan.
    E: Le perroquet se trouve dans la jungle.

14 Les expressions avec « avoir »
Expressions with "Avoir"

B. 1. avoir soif
    2. avoir honte
    3. avoir mal à
    4. avoir six ans
    5. avoir raison
    6. avoir tort
C. 1. Tu as treize ans.
    2. Jean a trente-deux ans.
    3. Vous avez quatorze ans.
    4. Marie a six ans.
    5. Mon frère et moi avons neuf ans.
    6. Marc et Tom ont seize ans.
    7. Ma sœur et toi avez onze ans.
D. A: soif
    B: L'homme a soif.
    C: Le fermier a faim.
    D: Jill et toi, vous avez soif.
    E: Les filles ont faim.
    F: Paul et Sylvie ont soif.
    G: Tu as soif.
    H: Paul a faim.
E. 1. du lait
    2. L'étudiant a besoin d'un crayon.
    3. Marie a besoin d'une pomme.
    4. L'avocat a besoin d'un stylo.
    5. L'artiste a besoin de papier.
    6. Ma sœur et moi avons besoin d'un livre.
F. 1. J'ai chaud.
    2. Il a faim.
    3. Elle a raison.
    4. Ils ont soif.
    5. Vous avez peur.
    6. Nous avons du mal à sommeiller.
    7. Nous avons honte.
    8. Elle a mal au dent.

9. Ils ont envie de danser.
10. Tu as froid!
11. Tu as l'air contente.
12. J'ai besion du lait.
13. Suzie a l'habitude de manger trop.

15 Les prépositions et les conjonctions
Prepositions and Conjunctions

B.

C. 1. sur
    2. dans
    3. avec
    4. devant
    5. contre
    6. sans
    7. au
    8. autour
D. 1. à
    2. après
    3. avec
    4. sous
E. ou ; mais ; et ; parce que ; puis
F. 1. parce qu'
    2. et
    3. ou
    4. mais
    5. et
G. à ; à ; mais ; parce qu' ; de ; dans ; avec ; de ; dans ; Mais ; avant ; autour ; mais
H. (Réponse individuelle)
I. 1. derrière ; parce qu'
    2. dans ; sous ; sur
    3. après ; avant ; À
    4. à ; de

16 Le zoo
The Zoo

B. 1. une grenouille
   2. un panda
   3. un caméléon
   4. un koala
   5. un phoque
   6. une girafe
   7. un serpent
   8. un hibou
   9. A: un guépard
      B: un flamant rose
      C: un vautour
      D: une tortue

C. Dans le ciel : le pélican ; le vautour ;
         le perroquet ; le hibou
   Sur la terre : le chameau ; la girafe ; le koala ;
         l'ours
   Dans l'eau : la tortue ; le dauphin ;
         la pastenague ; le phoque

D. 1. Tu ne sommeilles pas.
   2. Il ne rêve pas.
   3. Elle n'est pas artiste.
   4. Je n'ai pas chaud.
   5. Nous n'avons pas cinq ans.
   6. Ils ne sont pas fâchés.

E. 1. Elle pleure.
   2. Ils aiment leur voiture.
   3. Mon frère lit.

F. 1. Je n'ai pas sommeil.
   2. Ils n'ont pas tort.
   3. Vous n'êtes pas à l'hôpital.
   4. Ma sœur ne regarde pas la télé.
   5. Le chien ne rêve pas des chats.
   6. Luc ne va pas au magasin.
   7. Lucie et moi, nous n'étudions pas à la bibliothèque.

B. A: les plantes
   B: le train
   C: une girafe
   D: une cage
   E: un ours
   F: la rue
   G: une charpentière
   H: le facteur dans son camion
   I: la voiture
   J: un bâtiment
   K: La fille pleure.
   L: un policier
   M: la bicyclette
   N: un ballon

C. Tu : J
   Nous : E
   La chèvre : A
   Alice et Marie : C
   Monsieur le Président, : B
   Cinquante et onze font : D
   Paul mange du riz parce qu' : I
   Je regarde la télévision : F
   Quarante moins quatre égalent : H
   J'ai mal aux dents. J'ai besoin d' : G

D. 1. B   2. A
   3. B   4. B
   5. B   6. A
   7. A   8. B

La révision 2
Revision 2

A. 1. B   2. B   3. C
   4. C   5. B   6. C
   7. B   8. C   9. B
   10. C   11. A   12. B
   13. C   14. B   15. B

Histoire 1
L'ours et le renard

p. 128 Est-ce que tu te rappelles?

A: décide
B: dupe
C: récolte
D: fâché
E: graines de seigle
E ; C ; B ; D ; A

p. 129 Mots cachés

p. 130 Conjuguons ensemble

pense ; penses ; pense ; pense ; pensons ; pensez ; pensent ; pensent
prends ; prends ; prenons ; prenez ; prennent ; prennent

1. je prends
2. nous pensons
3. ils prennent
4. vous pensez
5. elles prennent
6. il prend

p. 131 Conjuguons ensemble

1. prends
2. pensent
3. prend
4. pense
5. pense
6. prends
7. prenez

p. 132 Résumé de l'histoire
(Réponse individuelle)

Histoire 2
Le buffle prudent

p. 146 Est-ce que tu te rappelles?

A: lièvre
B: course
C: buffle
D: prudent
E: lentement
F: tomber
B ; E ; C ; F ; A ; D

p. 147 Lettres brouillées

coureur ; entendre ; arrêter ; prudent ; dépasse ; disputent

1. dépasse
2. disputent
3. coureur
4. prudent
5. arrêter
6. entendre

p. 148 Conjuguons ensemble

gagne ; gagnes ; gagne ; gagne ; gagnons ; gagnez ; gagnent ; gagnent
sais ; sais ; sait ; sait ; savons ; savez ; savent ; savent

1. tu gagnes
2. elles savent
3. nous gagnons
4. il gagne
5. elle sait
6. vous savez
7. elles gagnent
8. je gagne

p. 149 Conjuguons ensemble

1. gagne
2. sait
3. sais
4. savez
5. gagnes
6. sait
7. gagnons

p. 150 Résumé de l'histoire
(Réponse individuelle)

ISBN: 978-1-927042-80-9

Réponses Answers

Histoire 3
Le chacal rusé

p. 164   Est-ce que tu te rappelles?
A: serpent femelle
B: sauve
C: chacal
D: jeune homme
E: même
B ; D ; A ; C ; E

p. 165   Imagine un dialogue
(Réponses individuelles)

p. 166   Conjuguons ensemble
bouge ; bouges ; bouge ; bouge ; bougeons ;
bougez ; bougent ; bougent
mets ; mets ; mettons ; mettez ; mettent ; mettent
1.   vous bougez
2.   nous mettons
3.   elles bougent
4.   ils mettent
5.   tu bouges
6.   il met

p. 167   Conjuguons ensemble
1.   bouge
2.   mettent
3.   mettez
4.   bouges
5.   bougeons
6.   mettons

p. 168   Résumé de l'histoire
(Réponse individuelle)

Histoire 4
La citrouille

p. 182   Mots croisés

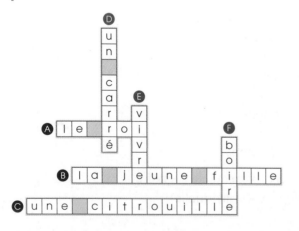

p. 183   Est-ce que tu te rappelles?
A: la jeune fille
B: vivre
C: une citrouille
D: un carré
E: boire
F: Le roi
D ; E ; C ; A ; F ; B

p. 184   Conjuguons ensemble
montre ; montres ; montre ; montre ; montrons ;
montrez ; montrent ; montrent
vois ; vois ; voit ; voit ; voyons ; voyez ; voient ;
voient
1.   elles montrent
2.   nous voyons
3.   vous voyez
4.   je montre
5.   elle voit
6.   ils montrent
7.   ils voient

p. 185   Conjuguons ensemble
1.   voit
2.   montre
3.   vois
4.   voyez
5.   voyons
6.   montrent

p. 186   Résumé de l'histoire
(Réponse individuelle)

Histoire 5
Le pique-nique

p. 200   Est-ce que tu te rappelles?
A: pelouse
B: Geneviève
C: oublier
D: pleuvoir
E: goûters
B ; E ; A ; D ; C

ISBN: 978-1-927042-80-9

p. 201   À l'écrit

(Dessins individuels)

1. lait
4. photos
2. fourmis
5.
3. canards
abeilles

p. 202   Conjuguons ensemble

oublie ; oublies ; oublie ; oublie ; oublions ;
oubliez ; oublient ; oublient ; oublient
choisis ; choisis ; choisit ; choisit ; choisissons ;
choisissez ; choisissent ; choisissent

1.   tu choisis
2.   nous choisissons
3.   tu oublies
4.   il choisit
5.   ils choisissent
6.   ils oublient
7.   vous choisissez
8.   nous oublions
9.   elle oublie

p. 203   Conjuguons ensemble

1.   choisissent
2.   choisit
3.   oubliez
4.   oublions
5.   oublie
6.   choisissez
7.   choisissons

p. 204   Résumé de l'histoire

(Réponse individuelle)

Amusez-vous avec les dialogues
Have Fun with Dialogues

Teddy et moi, nous savons que Maman a peur.

J'ai faim. Je prends votre nourriture.

L'oiseau porte un chapeau. Il est drôle.

Je veux lire tous les livres aujourd'hui.

Tu étudies beaucoup.

Mon oiseau s'échappe de sa cage!

Nous plantons des graines d'or. Ensuite nous devenons riches!

Go Interactive

Our ever-popular

EnglishSmart

has gone digital!

Available on the iBookstore

Introducing
Interactive EnglishSmart on iPad, featuring:

- audio reading

- listening comprehension

- animated explanations and guidance

- reviews, exercises, and activities with instantaneous feedback

Scan this code with your smart phone or go to our Website www.popularbook.ca to learn more details.